Dr. Jaerock Lee

Ang Dios nga Mananambal

"Ug miingon [Ang GINOO],
'Kung magpatalinghug ka sa masingkamuton gayud
sa tingog sa GINOO nga imong Dios,
ug magabuhat ka niadtong matarung sa Iyang mga
mata, ug magapatalinghug sa Iyang mga sugo,
ug magabantay sa tanan Kaniya nga mga tulomanon,
walay bisan unsang sakita
sa mga gipadala Ko sa mga Ehiptohanon;
nga igapadala ko kanimo;
kay Ako mao ang GINOO nga magaayo kanimo.'"
(Exodo 15:26)

Ang Dios nga Mananambal ni Dr. Jaerock Lee
Gimantala sa Urim Books (Presidente: Johnny. H. Kim)
73, Yeouidaebang-ro 22-gil, Dongjak-gu, Seoul, Korea
www.urimbooks.com

Ang tanang kinamatarung gireserba. Kining libro o mga bahin ngari dili mahimong ipahuwad sa bisan unsang porma, taguan sa sistema nga retrieval, o ipadala sa bisan unsang porma o sa bisan unsang paagi, sa-kuryente, sa-makina, pagpaseroks, pagtala o kondili, kung wala'y naunang pagtugot nga gisulat gikan sa nagmantala.

Katungod Pagpanag-iyag Sinulat © 2015 ni Dr. Jaerock Lee
ISBN: 979-11-263-1089-0 03230
Ang Paghubad Katungod Pagpanag-iyag Sinulat© 2005 ni Dr. Esther K. Chung. Gigamit nga adunay pagtugot.

Nahaunang Gimantala Marso 2005
Ikaduhang Edisyon Pebrero 2007
Ikatulo nga Edisyon Agosto 2009
Ikaupat nga Edisyon Marso 2015

Nahaunang gimantala ngadto sa Koryano sa Urim Books kaniadtong 1992

Gihikay pagpatik ni Dr. Geumsun Vin
Gidibuho sa Editoryal nga Buhatan sa Urim Books
Giimprenta sa Yewon Printing Company
Para sa dugang nga impormasyon, pagduol sa:urimbook@hotmail.com

Usa ka Mensahe sa Publikasyon

Ingon nga ang materyal nga sibilisasyon ug kauswagan nagpadayon sa pag-uswag ug paglambo, atong makita karon nga ang mga katawohan adunay mas daghang panahon ug mga pamaagi nga pakapin. Dugang pa, aron makab-ot ang mas himsog ug mas komportable nga mga kinabuhi, ang mga katawohan mamuhunan sa panahon ug bahandi ug mogahin pag-ayo og atensyon sa lainlaing magamit nga mga kasayuran.

Bisan pa, alang sa kinabuhi sa tawo, pagtigulang, sakit, ug kamatayon ubos sa dakung gahum sa Dios, dili ang mga kini makontrolar sa kusog sa salapi o kahibalo. Dugang pa, kini usa ka dili ikalimod nga kamatuoran nga bisan pa sa labing komplikado nga siyensiya sa medisina nga gihimo sa kahibalo sa tawo nga natigom sa milabay nga mga siglo, ang gidaghanon sa mga pasyente nga nag-antus sa walay kaayohan ug makamatay nga mga sakit kanunay nga nagkadaghan.

Sa tibuok kasaysayan sa kalibutan, dihay dili maihap nga mga katawohan sa lainlaing mga tinuohan ug kahibalo - lakip na si

Buddha ug si Confucius - apan silang tanan nahilom sa pag-atubang niini nga pangutana ug walay usa kanila ang nakalikay sa pagtigulang, sakit, ug kamatayon. Kini nga pangutana nahigot sa sala ug sa isyu sa kaluwasan sa katawohan, walay asa niini ang masulbad sa tawo.

Karon, adunay daghan nga mga ospital ug mga botika, nga sayon nga maadtoan ug morag andam nga himuon ang atong katilingban nga libre-sa-sakit ug himsog. Bisan pa niana, ang atong mga lawas ug kalibutan puno sa nagkadaiyang mga sakit gikan sa usa ka komon nga trangkaso ngadto sa mga sakit nga wala mahibal-an ang mga sinugdanan ug mga kagikanan kung hain wala'y tambal. Ang mga katawohan dali nga mobasol sa klima ug sa kalikupan o sa madali nga pag-ila niini isip nga natural ug pisilohikal nga mga hitabo, ug nagsalig sa tambal ug medikal nga teknolohiya.

Aron makadawat sa sukaranang pagpang-ayo ug magdala sa usa ka himsog nga kinabuhi, ang matag usa kanato kinahanglan makasabot gikan sa diin ang usa ka sakit nagsugod ug unsaon kanako makadawat sa kaayohan. Alang sa ebanghelyo ug sa kamatuoran anaa kanunay ang duha ka bahin: gitagana alang sa mga katawohan nga wala modawat sa mga niini mao ang tunglo ug silot, samtang alang sa mga katawohan nga midawat sa mga niini ang panalangin ug kinabuhi naghulat kanila. Kini kabubut-on sa Dios nga ang kamatuoran matago gikan sa mga tawo kinsa, sama sa mga Pariseo ug magtutudlo sa balaod, nag-isip sa ilang kaugalingon nga maalamon ug intelihente; kini kabubut-on usab sa Dios nga ipadayag ang kamatuoran ngadto sa mga sama sa mga bata, nagtinguha niini, ug nagbukas sa ilang mga kasingkasing (Lucas 10:21).

Ang Dios sa yano nagsaad sa panalangin alang niadtong kinsa nagsunod ug nabuhi sa Iyang mga sugo, samtang Siya usab nagtala sa detalye sa tunglo ug tanang matang sa sakit nga ipahamtang niadtong wala mosunod sa Iyang mga sugo (Deuteronomio 28:1-68).

Pinaagi sa pagpahinumdum sa Pulong sa Dios ngadto sa mga dili tumuluo ug bisan pa sa uban nga mga tumuluo nga wala magpakabana niini, kini nga buhat nagtinguha sa pagbutang sa maong mga tawo sa husto nga dalan ngadto sa kagawasan gikan sa sakit ug balatian.

Sa gidaghanon sa imong napaminawan, nabasa, nasabtan, ug paghimo sa pagkaon sa Pulong sa Dios, ug pinaagi sa gahum gikan sa Dios sa kaluwasan ug kaayohan, hinaut nga ang matag usa kaninyo makadawat sa pag-ayo sa mga balatian ug mga sakit nga daku ug gamay, ug ang kahimsog kanunay nga magpabilin diha kanimo ug sa imong pamilya, sa ngalan sa atong Ginoo nag-ampo ako!

Jaerock Lee

Mga Unod

Usa ka Mensahe sa Publikasyon

Kapitulo 1

Ang sinugdanan sa sakit ug ang silak sa pagpang-ayo   1

Kapitulo 2

Gusto ba nimong maayo?   15

Kapitulo 3

Ang Dios nga Mananambal   37

Kapitulo 4

Pinaagi sa Iyang paglapdos kita nangaayo　　　53

Kapitulo 5

Gahum sa pag-ayo sa mga balatian　　　73

Kapitulo 6

Mga paagi sa pag-ayo sa giyawaan　　　89

Kapitulo 7

Ang pagtoo ug pagkamasinugtanon ni Naaman

　　　109

Kapitulo 1

Ang Sinugdanan sa Sakit ug ang Silak sa Pagpang-ayo

Malachi 4:2

"Apan kaninyo nga may kahadlok sa Akong ngalan, ang adlaw sa pagkamatarung mosubang nga adunay kaluwasan sa iyang mga pako; ug kamo manggula, ug managlumpat sa kalipay maingon sa mga nating baka sa toril."

Usa ka nagpahiping nga hinungdan sa sakit

Kay ang mga katawohan nagtinguha sa pagdala sa malipayon ug himsog nga mga kinabuhi atol sa ilang panahon dinhi sa yuta, sila nangonsumo sa tanang matang sa pagkaon nga nahibal-an nga makatabang alang sa panglawas, ug sila naghatag ug pagtagad ug nangita sa tinago nga mga pamaagi. Bisan pa sa pag-uswag sa materyal nga sibilisasyon ug medikal nga siyensiya, bisan pa niana, ang kamatuoran mao nga ang pag-antus sa wala'y kaayohan nga mga sakit ug mga balatian dili mapugngan.

Ang tawo ba mahigawas gikan sa kasakit sa balatian atol sa iyang panahon dinhi sa yuta? Dili ba ang tawo mahimong gawasnon gikan sa kasakit sa balatian atol sa iyang panahon dinhi sa yuta?

Kadaghanan sa mga katawohan dali nga mabasol sa klima ug sa kalikopan o dali nga makamatikod sa sakit isip natural o pisilohikal nga panghitabo, ug nagsalig sa tambal ug medikal nga teknolohiya. Sa higayon nga ang mga kagikanan sa tanan nga matang sa mga sakit ug mga balatian matino, hinonoa, ang bisan kinsa mahimong gawasnon gikan sa mga niini.

Ang Biblia nagpakita kanato sa mga sukaranan nga mga paagi diin ang usa ka tawo mabuhi sa usa ka kinabuhi nga walay sakit ug, bisan kung ang usa masakiton, mga pamaagi diin siya makadawat sa pagkaayo:

Ug miingon [Ang GINOO], "Kung magpatalinghug ka sa masingkamuton gayud sa tingog sa GINOO nga imong Dios, ug magabuhat ka niadtong matarung sa Iyang mga mata, ug magapatalinghug sa Iyang mga sugo, ug magabantay sa tanan Kaniya nga mga tulomanon, walay bisan unsang sakita sa mga gipadala Ko sa mga Ehiptohanon, nga igapadala Ko kanimo; kay ako mao ang GINOO nga magaayo kanimo" (Exodo 15:26).

Kini ang matinud-anon nga Pulong sa Dios, kinsa nagkontrolar sa kinabuhi sa tawo, kamatayon, tunglo, ug panalangin, nga gihatag kanato sa personal.

Unsa man, unya, ang sakit ug nganong ang usa ka tawo matakdan niini? Sa medikal nga termino, ang "sakit" nagtumong sa tanang matang sa kakulangan sa nagkalainlaing bahin sa lawas sa usa ka tawo – usa ka talagsaon o abnormal nga kahimtang sa panglawas – ug gipalambo ug mikaylap kasagaran pinaagi sa bakterya. Sa laing pagkasulti, ang sakit usa ka abnormal nga kondisyon sa lawas nga gipahinabo sa makahilo nga hilo o bakterya.

Sa Exodo 9:8-9 mao ang usa ka paghulagway sa usa ka proseso diin ang hampak sa mga hubag gidala ngadto sa Ehipto:

Ug ang GINOO miingon kang Moises ug kang Aaron, "Kumuha kamo ug mga kinumkom nga abo gikan sa hudno, ug ipasablig ni Moises paingon sa langit sa atubangan ni Paraon. Ug kini mahimong abog sa ibabaw sa tibuok nga yuta sa Ehipto, ug mahimo nga hubag nga mamuto nga may nana sa tagsatagsa ka tawo, ug sa mananap, sa lukop sa tibuok nga yuta sa Ehipto."

Sa Exodo 11:4-7, atong mabasa nga ang Dios nagpaila sa mga katawohan sa Israel gikan sa mga tawo sa Ehipto. Alang sa mga Israelinhon nga nagsimba sa Dios, walay hampak, samtang alang sa mga Ehiptohanon nga wala magsimba sa Dios ni nabuhi sa Iyang kabubut-on, adunay usa ka hampak sa ilang panganay.

Pinaagi sa Biblia, nahibal-an kanato nga bisan ang sakit anaa ubos sa dakung gahum sa Dios, nga Siya nanalipod sa mga nagatahod Kaniya gikan sa sakit, ug nga ang sakit mosulod sa mga nakasala tungod kay Iyang ipahilayo ang Iyang nawong gikan sa maong mga tawo.

Ngano man, unya, adunay sakit ug ang pag-antos gikan sa sakit? Nagpasabot ba kini nga ang Dios nga Magbubuhat naghimo sa sakit sa panahon sa paglalang aron ang tawo mabuhi sa kakuyaw sa sakit? Ang Dios nga Magbubuhat naglalang sa tawo ug nagkontrolar sa tanan sa uniberso sa pagkamaayo, pagkamatarung, ug gugma.

Human sa pagmugna sa labing angay nga palibot alang sa tawo nga mabuhi (Genesis 1:3-25), gibuhat sa Dios ang tawo sa Iyang kaugalingon nga dagway, gipanalanginan sila, ug gitugotan sila sa hilabihan nga kagawasan ug awtoridad.

Sa paglabay sa panahon, ang mga katawohan gawasnon nga nakatagamtam sa hinatag sa Dios nga mga panalangin samtang sila nagsunod sa Iyang mga sugo, ug nagpuyo sa Tanaman sa Eden diin walay mga luha, kasubo, pag-antus, ug sakit. Ingon kay nakita sa Dios nga ang tanan nga Iyang gibuhat maayo kaayo (Genesis 1:31), Siya naghatag og usa ka sugo: "Makakaon ka sa tanan nga kahoy sa tanaman; apan sa kahoy sa pag-ila sa maayo ug sa dautan, dili ka magkaon niini, kay sa adlaw nga mokaon ka niini, mamatay ka gayu" (Genesis 2:16-17).

Apan, sa dihang nakita sa tuso nga serpente nga ang mga katawohan wala magtuman sa sugo sa Dios sa ilang hunahuna apan gipasagdan kini, ang bitin mitintal kang Eba, ang asawa sa unang tawo nga gibuhat. Sa dihang gikaon ni Adan ug Eba ang bunga gikan sa kahoy sa pag-ila sa maayo ug dautan ug nakasala (Genesis 3:1-6), sumala sa gipasidaan sa Dios, ang kamatayon misulod sa tawo (Mga Taga-Roma 6:23).

Human sa pagbuhat sa sala sa pagsupak ug ingon nga ang tawo nakadawat sa suhol sa sala ug nag-atubang sa kamatayon, ang espiritu sa tawo - ang iyang agalon - namatay usab ug ang panag-uban taliwala sa tawo ug sa Dios wala na maglungtad. Gipalayas sila gikan sa Tanaman sa Eden ug nabuhi sa mga luha, kasubo, pag-antus, sakit, ug kamatayon. Ingon ang tanan nga butang sa yuta gitunglo, kini nagpatubo sa mga tunok ug mga sampinit ug pinaagi lamang sa singot sa ilang mga agtang sila makakaon sa ilang pagkaon (Genesis 3:16-19).

Busa, ang nagpahiping hinungdan sa sakit mao ang orihinal nga sala nga gidala sa pagkadili masulundon ni Adan. Kung si Adan wala mosupak sa Dios, wala unta siya gipapahawa gikan sa Tanaman sa Eden apan nagdala sa himsog nga kinabuhi sa tanang panahon. Sa laing pagkasulti, pinaagi sa usa ka tawo ang matag tawo nahimong usa ka makasasala ug nabuhi sa mga kapeligrohan ug mga pag-antus sa tanang matang sa sakit. Kung dili una masulbad ang problema sa sala, walay usa nga ipahayag nga matarung sa mata sa Dios pinaagi sa pagtuman sa balaod (Mga Taga-Roma 3:20).

Ang adlaw sa pagkamatarung uban ang pag-ayo sa mga pako niini

Ang Malaquias 4:2 nagasulti kanato nga, "Apan kaninyo nga may kahadlok sa Akong ngalan, ang adlaw sa pagkamatarung mosubang nga adunay kaluwasan sa iyang mga pako; ug kamo manggula, ug managlumpat sa kalipay maingon sa mga nating baka sa toril." Dinhi, ang "adlaw sa pagkamatarung" nagtumong sa Mesiyas. Diha sa katawohan sa dalan paingon sa kalaglagan ug pagantus gikan sa sakit, ang Dios naluoy ug nagtubos kanato gikan sa tanang kasal-anan pinaagi ni Hesukristo nga Iyang giandam, pinaagi sa pagtugot Kaniya nga ilansang sa krus ug sa tanan Kaniyang dugo nga ipaagas. Busa, si bisan kinsa nga midawat kang Hesukristo, nakadawat sa kapasayloan sa iyang mga sala, ug nakaabot sa kaluwasan, mahimo na karon sila nga gawasnon gikan sa sakit ug magkinabuhi sa himsog nga kinabuhi. Pinaagi sa tunglo sa tanang mga butang, ang tawo kinahanglan nga mabuhi sa kakuyaw sa sakit basta siya adunay gininhawa apan pinaagi sa gugma ug grasya sa Dios, ang usa ka dalan sa kagawasan gikan sa sakit nabuksan na karon.

Sa diha nga ang mga anak sa Dios nagbatok sa sala hangtud sa pagpaagas sa ilang dugo (Mga Hebreohanon 12:4) ug magkinabuhi pinaagi sa Iyang Pulong, Siya magapanalipod kanila uban sa Iyang mga mata nga sama sa nagdilaab nga kalayo ug manalipod kanila sa nagdilaab nga paril sa Espiritu Santo aron walay hilo sa hangin ang mahimong makasulod sa ilang mga lawas. Bisan kung ang usa masakit, kung siya maghinulsol ug mobiya gikan sa iyang mga pamaagi, ang Dios magasunog sa sakit ug magaayo sa mga apektadong bahin. Mao kini ang pagpang-ayo pinaagi sa "adlaw sa pagkamatarung."

Ang modernong medisina nakamugna og ultraviolet nga terapiya, nga kaylap nga gigamit karon aron malikayan ug ayuhon ang lainlaing sakit. Ang mga silak sa ultraviolet epektibo kaayo alang sa pagkuha sa impeksyon ug mahimong hinungdan sa mga kausaban sa kemikal sa lawas. Kini nga terapiya makaguba sa mga 99% sa bacilli, diphtheria, ug dysentery bacilli ug epektibo usab sa tuberculosis, rickets, anemia, rheumatism, ug sakit sa panit. Ang usa ka pagtambal nga makatabang ug gamhanan sama sa ultraviolet nga terapiya, bisan pa niana, dili mahimong gamiton sa tanang mga sakit.

Ang "Adlaw sa pagkamatarung nga may kaluwasan sa mga pako" nga nahitala sa Kasulatan ang mao lang nga silak sa gahum nga makaayo sa tanang mga sakit. Ang mga silak gikan sa Adlaw sa pagkamatarung mahimong magamit sa pag-ayo sa tanan nga matang sa mga sakit ug tungod kay mahimo kini nga magamit sa tanan nga mga tawo, ang paagi sa pag-ayo sa Dios yano ra kaayo nga hingpit, ug sa kasagaran ang pinakamaayo.

Wala madugay human sa pagkatukod sa akong iglesia, usa ka pasyente nga nag-atubang sa kamatayon ug nag-antus gikan sa dili maantus nga kasakit sa paralisis ug kanser gidala kanako sa usa ka stretcher. Dili siya makahimo sa pagsulti tungod kay ang iyang dila migahi ug dili makalihok sa iyang lawas tungod kay ang tibuok lawas naparalisar. Tungod kay ang mga doktor mibiya, ang asawa sa pasyente, kinsa misalig sa gahum sa Dios, nag-awhag sa iyang bana nga itugyan ang tanan ngadto Kaniya. Sa pagkaamgo nga ang bugtong paagi aron mapadayon ang iyang kinabuhi mao ang pagkupot ug pagpangaliyupo sa Dios, ang pasyente misulay sa pagsimba bisan pa nga siya mihigda ug ang iyang asawa matinguhaon usab nga nangamuyo sa pagtoo ug gugma. Sa akong pagkakita sa pagtoo sa duha, nag-ampo usab ako nga mainiton alang sa lalaki. Wala madugay human niana, ang tawo nga kaniadto naglutos sa iyang asawa tungod sa pagsalig kang Hesus nakaabot sa paghinulsol pinaagi sa paggisi sa iyang kasingkasing, ug gipadala sa Dios ang silak sa pagpang-ayo, gisunog ang lawas sa tawo pinaagi sa kalayo sa Espiritu Santo, ug gihinloan ang iyang lawas. Hallelujah! Sa dihang nasunog ang nagpailalom nga hinungdan sa sakit, ang tawo nagsugod sa paglakaw ug pagdagan, ug naayo siya usab. Dili kinahanglan nga isulti kung giunsa sa mga miyembro sa Manmin ang paghimaya sa Dios ug nalipay sa pagsinati niining kahibulongan nga buhat sa pagpang-ayo sa Dios.

Alang Kanimo nga Nagtahud sa Akong Ngalan

Ang atong Dios usa ka makagagahum nga Dios nga naglalang sa tanan sa uniberso pinaagi sa Iyang Pulong ug naglalang sa tawo gikan sa abog. Tungod kay kining matanga sa Dios nahimong atong Amahan, bisan kung nasakit kita, kung kita hingpit nga nagasalig Kaniya uban sa atong pagtoo, Siya makakita ug makaila sa atong pagtoo ug malipayon nga magaayo kanato. Walay sayop nga mamaayo sa usa ka ospital, apan ang Dios nahimuot sa Iyang mga anak nga nagtoo sa Iyang pagkasayod sa tanan ug makagagahum, naningkamot sa pagtawag Kaniya, makadawat sa kaayohan, ug maghimaya Kaniya.

Sa 2 Mga Hari 20:1-11 mao ang sugilanon ni Ezechias, hari sa Juda, nga nasakit sa dihang gisulong sa Asiria ang iyang gingharian, apan nakadawat sa hingpit nga kaayohan tulo ka adlaw human siya nag-ampo sa Dios ug gipalugway ang iyang kinabuhi sa napulog lima ka tuig.

Pinaagi ni Propeta Isaias, gisulti sa Dios kang Ezechias nga "Hikayon mo ang imong balay, kay ikaw mamatay ug dili mabuhi" (2 Mga Hari 20:1; Isaias 38:1). Sa laing pagkasulti, si Ezechias gihatagan og sentensiya nga kamatayon diin gisultihan siya sa pag-andam alang sa iyang kamatayon ug paghikay sa mga kalihokan alang sa iyang gingharian ug pamilya. Bisan pa niana, si Ezechias miliso dayon sa iyang nawong sa paril ug nag-ampo sa GINOO (2 Mga Hari 20:2). Ang hari nakaamgo nga ang sakit mao ang resulta sa iyang relasyon sa Dios, gibiyaan ang tanan, ug misulbad sa pag-ampo.

Samtang si Ezechias nag-ampo sa Dios nga mainiton ug naghilak, Siya nagsulti ug nagsaad sa hari, "Nadungog Ko ang imong pag-ampo, nakita Ko ang imong mga luha; ania karon, dungangan Ko ang imong mga adlaw napulo ug lima ka tuig. Ug luwason Ko ikaw ug kining siyudara gikan sa kamot sa hari sa Asiria; ug molaban Ako niining siyudara" (Isaias 38:5-6). Mahimo usab natong hunahunaon kung unsa ka maikagon ug mainiton nga pag-ampo si Ezechias sa dihang gisultian siya sa Dios, "Akong nadungog ang imong pag-ampo ug nakita ang imong mga luha."

Ang Dios nga mitubag sa hangyo ni Ezechias hingpit nga giayo ang hari aron siya makaadto sa templo sa Dios sulod sa tulo ka adlaw. Dugang pa, gipalapad sa Dios ang kinabuhi ni Ezechias sa napulog lima ka tuig ug, sa nahibiling bahin sa kinabuhi ni Ezechias, Iyang gitipigan ang siyudad sa Jerusalem gikan sa hulga sa Asiria.

Kay nasayod si Ezechias nga ang pagkinabuhi ug pagkamatay sa usa ka tawo nailalom sa dakung gahum sa Dios, ang pag-ampo sa Dios labing hinungdanon kaniya. Ang Dios nalipay sa mapaubsanong kasingkasing ug pagtoo ni Ezechias, misaad sa pag-ayo sa hari, ug sa pagpangita ni Ezechias sa ilhanan sa iyang kaayohan, gipasibug Kaniya ang anino og napulo ka mga lakang sa pagkanaog sa hagdanan ni Ahaz (2 Mga Hari 20:11). Ang atong Dios usa ka Dios sa pagpang-ayo ug usa ka mahunahunaon nga Amahan nga naghatag niadtong nangita.

Sa kasukwahi, atong makita sa 2 Mga Cronicas 16:12-13 nga

"Ug sa ikakatloan ug siyam ka tuig sa iyang paghari si Asa nasakit sa iyang tiil. Ang iyang sakit daku kaayo, apan sa iyang pagkasakit siya wala mangita sa GINOO, kondili sa mga mananambal. Ug si Asa natulog uban sa iyang mga amahan, ug namatay sa ikakap-atan ug usa ka tuig sa iyang paghari." Sa diha nga siya sa sinugdanan miadto sa trono, "Ug si Asa naghimo sa matarung sa mga mata sa GINOO, ingon sa gihimo ni David nga iyang amahan" (1 Mga Hari 15:11). Sa sinugdan siya usa ka maalamong magmamando apan sa hinay-hinay nawala ang iyang pagtoo sa Dios ug misugod pagsalig sa tawo, ang hari dili makadawat sa tabang sa Dios.

Sa dihang gisulong ni Baasa nga hari sa Israel ang Judah, si Asa misalig kang Ben-Hadad nga hari sa Aram, dili sa Dios. Tungod niini gisaway ni Hanani nga manalagna si Asa, apan siya wala motalikod sa iyang mga paagi ug hinonoa gipriso ang manalagna ug gipigos ang iyang kaugalingong mga katawohan (2 Cronicas 16:7-10).

Sa wala pa magsugod og pagsalig si Asa ngadto sa hari sa Aram, ang Dios nangilabot sa kasundalohan sa Aram aron dili makasulong sa Judah. Gikan sa panahon nga si Asa nagsalig sa hari sa Aram hinonoa sa iyang Dios, ang hari sa Judah wala na makadawat sa bisan unsang tabang gikan Kaniya. Dugang pa, dili siya malipayon ni Asa kinsa nangita sa panabang sa mga mananambal imbis sa Dios. Kana ang hinungdan nganong namatay si Asa duha ka tuig human siya gisakit sa tiil. Bisan tuod gikompisal ni Asa ang iyang pagtoo sa Dios, tungod kay wala niya gipakita ang buhat niini ug wala siya mosangpit ngadto sa Dios, ang makagagahum nga Dios walay mahimo alang sa hari.

Ang silak sa pag-ayo gikan sa atong Dios makaayo sa bisan unsang matang sa mga sakit aron ang paralitiko makabarug ug makalakaw, ang mga buta makakita, ang mga bungol makadungog, ug ang mga patay mabuhi. Busa, tungod kay ang Dios nga Mananambal adunay walay kinutuban nga gahum, ang kagrabe sa usa ka sakit dili importante. Gikan sa usa ka sakit nga ingon ka kagamay sa usa ka trangkaso sa usa nga sama ka kritikal sa kanser, alang sa Dios nga Mananambal kini managsama ra. Ang labi ka importante nga butang mao ang matang sa kasingkasing diin kita moadto sa atubangan sa Dios: sama kini sa iya ni Asa o Ezechias.

Hinaut nga imong dawaton si Hesukristo, makadawat sa tubag sa problema sa sala, maisip nga matarung pinaagi sa pagtoo, magpahimuot sa Dios uban sa mapainubsanon nga kasingkasing ug pagtoo nga giubanan sa buhat sama ni Ezechias, makadawat sa kaayohan sa bisan unsa ug sa tanan nga mga sakit, ug kanunay nga magdala sa usa ka himsog nga kinabuhi, sa ngalan sa atong Ginoo nagaampo ako!

Kapitulo 2

Gusto ba nimong maayo?

Juan 5:5-6

Ug didtoy usa ka tawo nga nagmasakiton sulod na sa katloan ug walo ka tuig. Sa pagkakita ni Hesus kaniya, ug sa nasayran Kaniya nga siya naglubog didto sulod na sa hataas nga panahon, Siya miingon kaniya, "Buot ka bang maayo?"

Buot ba Nimong Maayo?

Adunay daghang mga nagkalainlain nga mga kaso sa mga katawohan, kinsa wala pa makaila sa Dios sa una, nga nangita ug miadto sa Iyang atubang. Ang uban miduol Kaniya samtang nagsunod sila sa ilang kaugalingong maayong tanlag samtang ang uban nahimamat Kaniya human nga na- ebanghelyo. Ang uban nakapangita sa Dios human masinati ang pagduhaduha sa kinabuhi pinaagi sa mga kapakyasan sa negosyo o panagbangi sa pamilya. Bisan pa ang uban moadto sa Iyang atubang uban ang dinalian nga kasingkasing human mag-antus gikan sa dili maantus nga pisikal nga kasakit o sa kahadlok sa kamatayon.

Ingon sa gibuhat sa usa ka bakol nga nag-antus gikan sa kasakit sulod sa katloan ug walo ka tuig sa usa ka lim-aw nga gitawag og Bethesda, aron hingpit nga matugyan ang imong sakit ngadto sa Dios ug makadawat sa kaayohan, ang usa kinahanglang magtinguha sa kaayohan labaw sa tanan.

Sa Jerusalem duol sa Ganghaan sa Karnero, adunay usa ka linaw nga sa Hebreohanon gitawag nga "Bethesda." Gilibutan kini sa lima ka mga portiko nga naglangkob diin ang mga buta, bakol, ug mga paralisado nagkatapok ug nahimutang didto tungod kay ang sugilanon nag-ingon nga sa matag panahon, usa ka anghel sa Dios ang manaog ug mokutaw sa tubig. Gituohan usab nga ang una nga mosulod sa linaw human sa matag pagkutaw sa tubig sa linaw, kansang ngalan nagkahulogang "Ang Balay sa Kaluoy," pagaayuhon sa bisan unsang sakit nga iyang naangkon.

Sa pagkakita sa usa ka bakol sulod sa katloan ug walo ka tuig nga naghigda sa linaw, ug kay nahibalo na kung unsa kadugay ang tawo nga nag-antus, si Hesus nangutana kaniya, "Buot ka bang maayo?" Mitubag ang tawo, "Senyor, wala akoy tawo nga makatunlob kanako ngadto sa tuburan inigkutaw na sa tubig, ug sa diha nga manlimbasug ako sa paglusad, adunay lain nga makauna kanako sa pag-ubog" (Juan 5:7). Pinaagi niini, ang tawo mikompisal ngadto sa Ginoo nga bisan tuod siya matinguhaong nagtinguha sa kaayohan, dili siya makahimo sa iyang kaugalingon. Nakita sa atong Ginoo ang kasingkasing sa tawo, ug miingon kaniya, "Bangon, dad-a ang imong higdaanan ug lakaw," ug dihadiha naayo ang tawo: iyang gipunit ang iyang higdaanan ug milakaw (Juan 5:8).

Kinahanglan Nimong Dawaton si Hesukristo

Sa diha nga ang tawo nga nahimong bakol sulod sa katloan ug walo ka tuig nakahimamat kang Hesukristo, siya nakadawat dayon sa pag-ayo. Sa dihang siya mitoo kang Hesukristo, ang tinubdan sa tinuod nga kinabuhi, ang tawo gipasaylo sa tanan kaniyang kasal-anan ug giayo sa iyang sakit.

Aduna ba kaninyo nga anaa sa kalisud gikan sa inyong sakit? Kung ikaw nag-antus sa mga sakit ug nangandoy nga moadto sa atubangan sa Dios ug makadawat sa kaayohan, kinahanglan una nimo nga dawaton si Hesukristo, mahimong anak sa Dios, ug modawat sa kapasayloan aron mawagtang ang bisan unsang babag taliwala sa imong kaugalingon ug sa Dios. Busa ikaw kinahanglan nga motoo nga tungod kay ang Dios nakahibalo sa tanan ug makagagahum, Siya makahimo sa bisan unsa nga mga milagro. Kinahanglan usab nga ikaw motoo nga kita natubos gikan sa tanan natong mga sakit pinaagi sa paglatigo ni Hesus, ug nga kung ikaw magtinguha sa ngalan ni Hesukristo makadawat ka sa kaayohan.

Kung kita mohangyo uban niining matang sa pagtoo, ang Dios mamati sa atong pag-ampo sa pagtoo ug magpakita sa buhat sa pagpang-ayo. Dili igsapayan kung unsa ka dugay o ka kritikal sa imong sakit, siguroha ang pagtugyan sa tanan kanimong mga problema sa sakit ngadto sa Dios, sa paghinumdom nga ikaw mahimong hingpit pag-usab sa diha nga ang Dios sa gahum magaayo kanimo.

Sa diha nga ang paralitiko nga gihisgotan sa Marcos 2:3-12 unang nakadungog nga si Hesus miadto sa Capernaum, ang tawo gusto nga moadto Kaniya. Sa pagkadungog sa balita sa mga katawohan nga giayo ni Hesus nga adunay nagkalainlain nga mga sakit, nagpapahawa sa mga dautang espiritu, ug nagayo sa mga sanlahon, ang paralitiko nagtoo nga kung siya motoo siya makadawat usab ug kaayohan. Sa diha nga ang paralitiko nakaamgo nga dili na siya makaduol kang Hesus tungod sa usa ka dakung panon nga nagtigom, uban sa tabang sa iyang mga higala siya nagkalot sa atop sa balay nga gipuy-an ni Hesus ug ang higdaanan diin siya naghigda gipaubos sa atubangan ni Hesus.

Mahanduraw ba nimo kung unsa ka daku ang gusto sa paralitiko nga moadto sa atubangan ni Hesus hangtud sa pagbuhat niini? Unsay gibuhat ni Hesus sa dihang ang paralitiko, kinsa dili makaadto sa lainlaing lugar ug dili makalihok tungod sa panon, nagpakita sa iyang pagtoo ug dedikasyon sa tabang sa iyang mga higala? Si Hesus wala masuko sa paralitiko tungod sa iyang dili maayo nga pamatasan apan hinuon miingon kaniya, "Anak, gipasaylo ang imong mga sala," ug nagtugot kaniya nga mobarug ug molakaw dayon.

Diha sa Proberbio 8:17 ang Dios nagsulti kanato, "Ako nahagugma kanila nga nahagugma Kanako; ug kadtong nagasingkamot sa pagpangita Kanako, makakaplag Kanako." Kung gusto ka nga mahigawas gikan sa kagul-anan sa sakit, kinahanglang magtinguha ka una sa pagka-ayo, magtoo sa gahum sa Dios nga makasulbad sa problema sa sakit, ug sa pagdawat ni Hesukristo.

Kinahanglan Nimong Laglagon ang Paril sa Sala

Bisag unsa ka daku ang imong pagtoo nga ikaw mahimong mamaayo pinaagi sa gahum sa Dios, Siya dili makatrabaho diha kanimo kung adunay usa ka paril sa sala taliwala kanimo ug sa Dios.

Mao nga sa Isaias 1:15-17, ang Dios nagsulti kanato "Sa diha nga bayawon ninyo ang inyong mga kamot, taguon Ko ang Akong mga mata gikan kaninyo; Oo, sa diha nga kamo magahimo ug daghang mga pag-ampo, Ako dili mani-mati. Ang inyong mga kamot nangapuno sa dugo. Panghunaw kamo, panglinis kamo; Ibutang sa halayo ang inyong dautang mga buhat gikan sa atubangan sa Akong mga mata. Hunong na sa pagbuhat sa dautan, pagtuon sa pagbuhat sa maayo; pangitaa ang hustisya, tabangi ang dinaugdaug, hukmi sa matarung ang mga ilo, labani ang balo nga babaye," ug dayon sa mosunod nga bersikulo 18 Siya nagsaad, "Umari kamo karon, ug usahan ta paghusay. Bisan pa ang inyong mga sala mapula, sila pagapution ingon sa niyebe; bisan pa sila lubos mapula, sila mahimong sama sa maputing balhibo sa karnero."

Makita usab kanato makita ang mga mosunod sa Isaias 59: 1-3:

> *Ania karon, ang kamot sa GINOO wala pamub-i aron kini dili makaluwas; ni pabug-aton ang Iyang igdulungog, aron kini dili makadungog. Apan ang inyong mga kasal-anan maoy nakapahamulag kaninyo ug sa inyong Dios, ug ang inyong mga sala nakapatago sa Iyang nawong gikan kaninyo, aron siya dili makadungog. Kay ang inyong mga kamot nahugawan sa dugo, ug ang inyong mga tudlo nahugawan sa kasal-anan; ang inyong mga ngabil nagsulti ug kabakakan, ang inyong dila nagalitok ug mga kangil-aran.*

Ang mga katawohan nga wala makaila sa Dios ug wala midawat ni Hesukristo, ug nagdala sa mga kinabuhi sa ilang kaugalingon wala makaamgo nga sila mga makasasala. Sa diha nga ang mga katawohan midawat kang Hesukristo ingon nga ilang Manluluwas ug midawat sa Espiritu Santo ingon nga usa ka gasa, ang Espiritu Santo mobadlong sa kalibutan sa pagkasad-an mahitungod sa sala ug ang pagkamatarung ug paghukom, ug ilang ilhon ug isugid nga sila mga makasasala (Juan 16:8 -11).

Bisan pa, tungod kay adunay mga panghitabo diin ang mga katawohan wala masayod sa detalye kung unsa ang sala, busa dili makasalikway sa sala ug dautan diha kanila ug makadawat sa mga tubag gikan sa Dios, kinahanglan una nilang masayran kung unsa ang naglangkob sa sala sa Iyang panan-aw. Kay ang tanan nga mga sakit ug mga balatian naggikan sa sala, sa diha lamang nga imong tan-awon balik ang imong kaugalingon ug gub-on ang paril sa sala nga imong masinati ang dali nga buhat sa pagpang-ayo.

Atong usisahon kung unsa ang gisulti sa Balaan nga Kasulatan kanato nga mao ang sala ug unsaon kanato paglaglag ang paril sa sala.

1. Kinahanglan ka maghinulsol nga wala magtoo sa Dios ug modawat ni Hesukristo.

Ang Biblia nagsulti kanato nga ang atong kawalay pagtoo sa Dios ug dili pagdawat ni Hesukristo ingon nga atong Manluluwas naglangkob sa sala (Juan 16:9). Daghang mga dili tumuluo nag-ingon nga sila nagdala og maayo nga kinabuhi apan kining mga tawhana dili makaila sa ilang kaugalingon sa husto tungod kay wala sila mahibalo sa Pulong sa kamatuoran - ang kahayag sa Dios - ug dili makaila sa husto gikan sa sayop.

Bisan kung ang usa masaligon sa pagdala sa usa ka maayo nga kinabuhi, sa diha nga ang iyang kinabuhi gipadayag batok sa kamatuoran, nga mao ang Pulong sa labing gamhanan nga Dios nga naglalang sa tanan nga butang sa uniberso ug nagkontrol sa kinabuhi, kamatayon, tunglo, ug panalangin, daghang pagkadili matarung ug ang mga dili tinuod ang makita. Mao kana nga ang Biblia nagsulti kanato nga, "Walay matarung, wala, bisan usa," (Mga Taga-Roma 3:10), ug kana, "Kay sa atubangan sa Dios walay tawo nga pagamatarungon pinaagi sa mga pagtuman sa Kasugoan, kay pinaagi sa Kasugoan nagaabot hinoon ang kahibalo mahitungod sa sala" (Mga Taga-Roma 3:20).

Kon imong dawaton si Hesukristo ug mahimong anak sa Dios human nga ikaw naghinulsol nga wala mitoo sa Dios ug midawat kang Hesukristo, ang makagagahum nga Dios mahimong imong Amahan, ug ikaw makadawat sa mga tubag sa bisan unsang sakit nga imong naangkon.

2. Kinahanglan ka nga maghinulsol nga wala gihigugma ang imong mga igsoon.

Ang Biblia nagsulti kanato nga "Mga hinigugma, kay ang Dios nahigugma man kanato sa ingon niana, nan, kinahanglan kita usab maghigugmaay sa usag usa" (1 Juan 4:11). Kini nagpahinumdom usab kanato nga kinahanglan pa gani natong higugmaon ang atong mga kaaway (Mateo 5:44). Kung atong dumtan ang atong mga igsoon, wala kanato sunda ang Pulong sa Dios, ug sa ingon nakasala.

Kay gipakita ni Hesus ang Iyang gugma alang sa katawohan nga nagpuyo sa sala ug dautan pinaagi sa paglansang sa krus, angay lamang nga kita mahigugma sa atong mga ginikanan, mga anak, ug mga igsoong lalaki ug babaye. Dili kini husto sa pananaw sa Dios nga kita magdumot ug dili makahimo sa pagpasaylo tungod sa dili mahinungdanon apan masakit nga mga pagbati ug dili pagsinabtanay sa usa'g usa.

Sa Mateo 18:23-35, si Hesus naghatag kanato sa mosunod nga sambingay:

> *Busa ang gingharian sa langit sama sa usa ka hari nga buot magahusay sa mga bayranan kaniya sa iyang mga ulipon. Sa pagsugod kaniya sa husay, gipaatubang kaniya ang usa nga nakautang kaniyag napulo ka libo ka talanton. Ug sanglit dili man siya makabayad, ang iyang agalon nagsugo nga ibaligya siya, uban ang iyang asawa ug mga anak ug ang tanang iyang gihuptan, aron kabayran ang utang. Busa, ang ulipon mihapa ug kaniya nagpakiluoy siya nag-ingon, 'Senyor, angan-angana una ako, ug pagabayran ko ra ikaw sa tanan.' Ug ang agalon sa maong ulipon naluoy kaniya, ug iyang gibuhian siya ug gipasaylo ang utang niya. Apan ang maong ulipon, sa iya nang paghigula, nakasugat sa usa sa iyang mga masigkaulipon nga nakautang kaniyag usa ka gatus ka denario; ug sa nakuptan niya siya sa liog, gitook siya niya nga nag-ingon, 'Bayri ako sa imong utang.' 'Busa ang iyang masigkaulipon mihapa ug kaniya nagpakiluoy siya nga nag-ingon, 'Angan-angana una intawon ako, ug pagabayran ko ra*

ikaw.' Apan wala siya mosugot ug milakaw ug iyang gipabilanggo kini hangtud nga makabayad sa utang. Ug ang iyang mga masigkaulipon, sa pagkakita nila sa nahitabo, nasubo pag-ayo ug nangadto sila sa ilang agalon ug ilang gisuginlan siya sa tanang nahitabo. Busa ang maong ulipon gipaatubang sa iyang agalon, ug giingnan siya niya, 'Ikaw dautan nga ulipon! Gipasaylo ko ikaw sa tanan mong utang kay nagpakiluoy man ikaw kanako. Dili ba usab unta maluoy man ikaw sa imong masigkaulipon, maingon nga gikaloy-an ko man ikaw?' Ug sa kasuko gitugyan siya sa iyang agalon ngadto sa mga magsasakit hangtud makabayad siya sa iyang tanang utang. Ingon usab niana ang pagabuhaton kaninyo sa akong Amahan nga langitnon kung ang matag-usa kaninyo dili sa kinasingkasing magapasaylo sa iyang igsoon.

Bisag nakadawat na kita sa kapasayloan ug grasya sa atong Amahan nga Dios, dili ba kita o dili gusto nga dawaton ang mga kasaypanan ug mga sayop sa atong mga igsoon, apan hinuon gusto nila nga makig-indig, makahimo sa kaaway, masuko, ug maghagit sa usag usa?

Ang Dios nagsulti kanato niana "Ang matag-usa nga nagadumot sa iyang igsoon, mamumuno; ug kamo nasayud nga ang mamumuno walay kinabuhing dayon nga magapabilin diha kaniya" (1 Juan 3:15), "Ingon usab niana ang pagabuhaton kaninyo sa Akong Amahan nga langitnon kung ang matag-usa kaninyo dili sa kinasingkasing magapasaylo sa iyang igsoon" (Mateo 18:35), ug nag-awhag kanato nga dili "Mga igsoon, ayaw kamo pagpanghupaw sa pagmahay batok sa usa ug usa, aron kamo dili pagahukman sa silot; tan-awa, ang Maghuhukom nagatindog na sa mga gangha-an (Santiago 5:9).

Kinahanglan atong maamgohan nga kung wala kita nahigugma apan nagdumot sa atong mga igsoon, nan kita usab nakasala ug dili kita mapuno sa Espiritu Santo apan magmasakiton. Busa, bisan kung ang atong mga kaigsoonan nagdumot ug nakapahigawad kanato, kita dili angay nga magdumot ug magpahigawas kanila apan sa baylo ibutang ang atong mga kasingkasing sa kamatuoran, sabton, ug pasayloon sila. Ang atong mga kasingkasing kinahanglan nga makahatag sa pag-ampo sa gugma alang sa maong mga igsoon. Kung kita makasabot, mopasaylo, ug maghigugmaay sa usag usa uban sa tabang sa Espiritu Santo, ang Dios usab mopakita kanato sa Iyang kalolot ug kaluoy, ug mopakita sa buhat sa pagpang-ayo.

3. Kinahanglan ka maghinulsol kon ikaw nag-ampo uban ang kahakog.

Sa dihang giayo ni Hesus ang batang lalaki nga gisudlan sa espiritu, gipangutana Siya sa Iyang mga disipolo, "Nganong wala man kami makapagula kaniya?" (Marcos 9:28) Mitubag si Jesus, "Kining matanga dili mahimo sa pagpagula pinaagi sa bisan unsa gawas lamang sa pag-ampo." (Marcos 9:29).

Aron makadawat sa pag-ayo sa usa ka piho nga kadakuon,

pag-ampo ug paghangyo kinahanglan usab nga ihalad. Bisan pa, ang mga pag-ampo alang sa kaugalingong interes dili matubag tungod kay ang Dios wala mahimuot sa mga niini. Ang Dios nagsugo kanato, "Busa, kung magakaon kamo o magainom, o magabuhat sa bisan unsa, buhata ninyo kining tanan aron sa paghimaya sa Dios" (1 Mga Taga-Corinto 10:31). Busa, ang katuyoan sa atong pagtuon ug pagkab-ot sa kabantog o gahum kinahanglan ang tanan alang sa himaya sa Dios. Atong makita diha sa Santiago 4:2-3, "Adunay mga butang nga inyong tinguhaon, apan dili ninyo kini mabatonan; busa mopatay kamog tawo. Ug adunay mga butang nga inyong kaibgan, apan dili ninyo kini maangkon; busa kamo moaway ug makiggubat. Kamo wala managpakabaton tungod kay kamo wala man mangamuyo. Kamo nagapangayog mga butang apan dili managpakadawat niini tungod kay dinautan man ang inyong pagpangamuyo, aron lamang gastohon kini sa pagtagbaw sa inyong mga pangibog."

Ang pagpangayo alang sa pagpang-ayo aron magpabilin ang himsog nga kinabuhi alang sa himaya sa Dios; makadawat ka og tubag kung mangayo ka niini. Apan, kung dili ka makadawat og kaayohan bisan kung mangayo ka niini, kana tungod kay tingali nangita ka og usa ka butang nga dili angay sa kamatuoran bisan pa nga ang Dios gusto nga mohatag kanimo bisan sa mas dagko nga mga butang sa makadaghang higayon.

Pinaagi sa unsa nga matang sa pag-ampo ang Dios mahimuot? Sama sa gisulti kanato ni Hesus sa Mateo 6:33, "Apan maoy unaha ninyo pagpangita ang gingharian ug ang pagkamatarung gikan sa Dios, ug unya kining tanang mga butanga igadugang ra kaninyo," imbis nga mabalaka mahitungod sa pagkaon, sinina, ug uban pa, kinahanglan una nga pahimut-an ang Dios pinaagi sa paghalad sa mga pag-ampo alang sa Iyang gingharian ug pagkamatarung, ug alang sa pagsangyaw sa ebanghelyo ug pagbalaan. Mao ra nga ang Dios motubag sa mga tinguha sa imong kasingkasing ug mohatag sa hingpit nga kaayohan sa imong sakit.

4. Kinahanglan ka nga maghinulsol kung ikaw nag-ampo sa pagduhaduha.

Ang Dios nahimuot sa pag-ampo nga nagpakita sa pagtoo. Niini atong makita sa Mga Hebreohanon 11:6, "Ug kung walay pagtoo dili gayud mahimo ang pagpahimuot Kaniya kay bisan kinsa nga magaduol sa Dios kinahanglan magatoo sa iyang pagkaanaa ug nga Siya magabalus ra sa mga magapangita Kaniya." Pinaagi sa samang timaan, ang Santiago 1:6-7 nagpahinumdom kanato, "Hinoon kinahanglan nga mangayo siya uban sa pagtoo nga walay pagduhaduha, kay siya nga nagaduhaduha sama sa balud sa dagat, nga ginahandos ug ginakosokoso sa hangin. Ayaw ipadahum sa maong tawo nga siya adunay madawat gikan sa Ginoo."

Ang mga pag-ampo nga gitanyag sa pagduha-duha nagapakita sa kawalay pagtoo sa usa ka makagagahum nga Dios, nga makahugaw sa Iyang gahum, ug naghimo Kaniya nga usa ka dili makahimo nga Dios. Kinahanglan ka nga maghinulsol dayon, magsunod sa mga katigulangan sa pagtoo, ug mag-ampo nga makugihon ug tim-os aron makabaton og pagtoo nga mahimo nimong tuohan sa imong kasingkasing.

Daghang mga higayon sa Biblia, makita kanato nga gihigugma ni Hesus kadtong adunay dakung pagtoo, gipili sila isip Iyang mga mamumuo, ug gipatuman ang Iyang pagpangalagad pinaagi ug uban kanila. Sa diha nga ang mga katawohan dili makapakita sa ilang pagtoo, si Hesus mosaway bisan sa Iyang mga disipolo tungod sa ilang gamay nga pagtoo (Mateo 8:23-27), apan nagdayeg ug nahigugma niadtong adunay dakung pagtoo, bisan kung sila mga Hentil (Mateo 8:10).

Giunsa nimo pag-ampo ug unsa nga matang sa pagtoo ang imong naangkon?

Ang usa ka senturyon sa Mateo 8:5-13 miduol kang Hesus ug mihangyo Kaniya sa pag-ayo sa usa sa iyang mga sulugoon kinsa naghigda sa ilang balay nga paralisado ug anaa sa makalilisang nga pag-antus. Sa dihang gisultihan ni Hesus ang senturyon, "Adtoon Ko ug ayohon Ko siya"(b. 7), mitubag ang senturyon, "Ginoo, dili ako takus sa pagpasilong Kanimo ilalum sa akong atop, apan isulti mo lamang ang pulong, ug mamaayo ang akong binatonan" (b. 8), ug gipakita kang Hesus ang iyang dakung pagtoo. Sa pagkadungog sa gisulti sa senturyon, si Hesus nalipay ug nagdayeg kaniya. "Wala pa akoy nakitang pagsalig nga sama niini sa Israel" (b. 10). Ang sulugoon sa senturyon naayo nianang taknaa mismo.

Sa Marcos 5:21-43 natala ang usa ka kahibulongan nga buhat sa pag-ayo. Sa dihang didto si Hesus sa pikas sa linaw, miduol kaniya ang usa sa mga pangulo sa sinagoga nga si Jairo ug miluhod siya sa tiilan ni Hesus. Si Jairo nangamuyo kang Hesus. "Ang akong batang babaye himalatyon, adtoa ug itapion ang Imong mga kamot diha kaniya, aron mamaayo ug mabuhi siya" (b. 23).

Samtang naglakaw si Hesus uban ni Jairo, usa ka babaye nga naulipon sa pagdugo sulod sa dose ka tuig miduol Kaniya. Siya nag-antus pag-ayo ubos sa pag-atiman sa daghang mga doktor ug migasto sa tanan nga iyang nabatonan, apan imbis nga maayo siya misamot og kagrabe.

Sa pagkadungog sa babaye nga si Hesus duol na ug taliwala sa mga tawo nga nagsunod kang Hesus, miduol siya sa luyo ni Hesus ug mihikap sa kupo. Kay ang babaye mitoo, "Kung makahikap lang ako sa Iyang mga sapot, mamaayo gayud ako" (b. 28), sa dihang gibutang sa babaye ang iyang kamot sa kupo ni Hesus, dihadiha nauga ang iyang dugo; ug siya mibati sa iyang lawas nga siya naayo sa iyang kasakit. Ug si Hesus, sa nailhan Kaniya sulod sa iyang kaugalingon nga may gahum nga migula gikan Kaniya, dihadiha miliso taliwala sa panon sa katawohan ug miingon, "Kinsa bay mihikap sa Akong mga sapot?"(b. 30) Sa dihang gisugid sa babaye ang kamatuoran, giingnan ni Hesus ang babaye, "Anak, ang imong pagsalig nakapaayo kanimo; lumakaw ka nga malinawon ug magmaayo ka gikan sa imong sakit" (b. 34). Gihatag Kaniya sa babaye ang kaluwasan ingon man ang panalangin sa panglawas.

Niadtong panahona, ang mga katawohan gikan sa balay ni Jairus nangabot ug nagtaho, "Ang imong anak patay na;"

(b. 35). Gipasaligan ni Hesus si Jairo ug giingnan siya, "Ayaw kahadlok, sumalig ka lamang" (b. 36), ug nagpadayon sa balay ni Jairo. Didto, giingnan ni Hesus ang mga katawohan, "Ang bata wala mamatay, kondili nagakatulog" (b. 39) ug miingon sa bata nga babaye, "'Talitha, kum!' (nga sa ato pa, 'Gamay nga bata, magaingon Ako kanimo, bumangon!')" (b. 41). Ang babaye mibarug dihadiha ug naglakaw.

Tuohi nga kung ikaw mangayo pinaagi sa pagtoo, bisan ang usa ka seryoso nga sakit mahimong mamaayo ug ang mga patay mabuhi pag-usab. Kung ikaw nag-ampo sa pagduhaduha hangtud niining puntoha, pagdawat sa kaayohan ug magmaligon pinaagi sa paghinulsol sa maong sala.

5. Kinahanglan ka maghinulsol sa pagsupak sa mga sugo sa Dios.

Sa Juan 14:21, si Jesus nagsulti kanato, "Ang nagabaton sa Akong mga sugo ug nagatuman niini, kini siya mao ang nahigugma Kanako; ug ang nahigugma Kanako pagahigugmaon sa Akong Amahan, ug Ako mahigugma kaniya ug magapadayag sa Akong kaugalingon ngadto kaniya." Sa 1 Juan 3:21-22 gipahinumduman usab kita, "Mga hinigugma, kung ang atong mga kasingkasing dili magasudya kanato, nan, may pagsalig kita diha sa atubangan sa Dios; ug gikan Kaniya magadawat kita sa bisan unsa nga atong pangayoon, kay kita nagabantay man sa Iyang mga sugo ug nagabuhat sa makapahimuot Kaniya." Ang usa ka makasasala dili makasalig sa atubangan sa Dios. Apan, kung ang atong kasingkasing dungganon ug walay kasaypanan kung sukdon batok sa Pulong sa kamatuoran, kita maisugon nga makapangayo sa Dios bisan unsa.

Busa, isip usa ka tumuluo sa Dios, kinahanglan nga ikaw makakat-on ug makasabot sa Napulo ka Sugo, nga nagsilbing usa ka prebise sa kan-uman ug unom nga mga libro sa Biblia, ug makaplagan kung unsa kadaghan sa imong kinabuhi nga anaa sa dili pagkamasinugtanon sa mga niini.

I. Nakabaton na ba ako sa akong kasingkasing og laing mga dios sa atubangan sa Dios?

II. Nakabuhat ba ko og mga diosdios sa akong mga kabtangan, mga anak, panglawas, negosyo, ug uban pa ug nagsimba kanila?

III. Gikuha ba nako ang ngalan sa Dios sa walay kapuslanan?

IV. Gipabalaan ba nako kanunay ang Adlaw sa Igpapahulay?

V. Kanunay ba nakong gipasidunggan ang akong mga ginikanan?

VI. Nakabuhat ba ako og pisikal nga pagbuno o espirituhanong pagpatay pinaagi sa pagdumot sa akong mga igsoong lalaki ug babaye o pagpakasala kanila?

VII. Nakahimo ba akog pagpanapaw bisan sa akong kasingkasing?

VIII. Nakapangawat na ba ko?

IX. Nakapanghimakak ba ako batok sa akong isigkatawo?

X. Gikuha ba nako ang mga kabtangan sa akong silingan?

Dugang pa, ikaw kinahanglan usab nga mobalik og tan-aw kung imo bang gituman ang sugo sa Dios pinaagi sa paghigugma sa imong mga silingan sama sa imong paghigugma sa imong kaugalingon. Kung imong sundon ang mga sugo sa Dios ug mangayo Kaniya, ang Dios sa gahum magaayo sa tanan nga mga sakit.

6. Kinahanglan nga maghinulsol ka sa wala pagpugas sa Dios

Kay ang Dios mao ang nagkontrolar sa tanang butang sa uniberso, nagtukod Siya og usa ka hugpong sa mga balaod alang sa espirituhanon nga gingharian ug, ingon nga usa ka matarung nga maghuhukom Iyang gipangulohan ug gidumala ang tanan nga mga butang sumala niini.

Sa Daniel 6, si Haring Dario gibutang sa usa ka malisud nga kahimtang diin siya dili makaluwas sa iyang hinigugmang sulugoon nga si Daniel gikan sa lungib sa mga leon, bisan pa siya hari. Tungod kay siya nagbutang sa usa ka mando sa iyang kaugalingon nga sinulat, si Dario dili makahimo sa pagsupak sa balaod nga iyang gitukod. Kung ang hari ang una nga mobali sa lagda ug dili mosunod sa balaod, kinsa ang maminaw ug mag-alagad kaniya? Mao kana nganong, bisan pa nga ang iyang hinigugma nga alagad nga si Daniel itambog na sa lungib sa mga leon sa usa ka plano sa malaut nga mga tawo, wala gayud mahimo si Dario.

Pinaagi sa samang timaan, ingon nga ang Dios dili mobali sa lagda ug mosupak sa balaod nga Iyang gipahimutang, ang tanan nga butang sa uniberso gipadagan sa tukma nga mando ubos sa Iyang dakung gahum. Mao kana, "Ayaw kamo palimbong; ang Dios dili mabiaybiay; kay bisan unsay igapugas sa tawo, mao usab kana ang iyang pagaanihon" (Mga Taga-Galacia 6:7).

Kutob sa imong gipugas sa pag-ampo, makadawat ka og mga tubag ug motubo sa espirituhanong paagi, ug ang imong pagkatawo sa sulod molig-on, ug ang imong espiritu mabag-o. Kung ikaw nasakit o adunay mga kahuyang apan karon nagpugas sa imong panahon sa imong gugma alang sa Dios pinaagi sa makugihon nga pag-apil sa tanan nga serbisyo sa pagsimba, makadawat ka sa panalangin sa panglawas ug sa walay pagduhaduha mobati sa imong kausaban sa lawas. Kung ikaw magpugas sa bahandi sa Dios, Siya magapanalipod ug mosagang kanimo gikan sa mga pagsulay ug maghatag usab kanimo sa panalangin nga mas dakung bahandi.

Pinaagi sa pagsabot kung unsa ka mahinungdanon ang pagpugas sa Dios, sa dihang isalikway kanimo ang mga paglaum alang niining kalibutan nga madunot ug malaglag apan hinuon magsugod pagtigom sa imong mga ganti sa langit sa matuod nga pagtoo, ang labing gamhanan nga Dios magagiya kanimo sa usa ka himsog nga kinabuhi sa tanang panahon.

Uban sa Pulong sa Dios, gisusi na kanato sa ingon ang nahimo nga usa ka paril taliwala sa Dios ug sa tawo, ug ngano nga kita nagpuyo sa kalisud sa sakit. Kung wala ka mitoo sa Dios ug nag-antus sa balatian, dawata si Hesus ingon nga imong Manluluwas ug sugdi ang usa ka kinabuhi diha kang Kristo. Ayaw kahadlok niadtong makapatay sa unod. Hinonoa, pinaagi sa kahadlok sa Usa nga makahukom sa unod ug espiritu ngadto sa impiyerno, bantayi ang imong pagtoo sa Dios sa kaluwasan gikan sa mga paglutos sa imong mga ginikanan, mga igsoon, kapikas, mga ugangan, ug ang uban. Kung ang Dios moila sa imong pagtoo, Siya magabuhat ug ikaw makadawat sa grasya sa pag-ayo.

Kung ikaw usa ka tumuluo apan nag-antus sa sakit, tan-awag balik ang imong kaugalingon aron masuta kung aduna ba'y mga salin sa dautan, sama sa pagdumot, pangabugho, kasina, pagkadili matarung, kahugawan, kahakog, dautan nga motibo, pagbuno, panaglalis, tabi, pagbutangbutang, garbo, ug uban pa. Pinaagi sa pag-ampo sa Dios ug pagdawat sa kapasayloan sa Iyang kalolot ug kaluoy, dawata usab ang tubag sa problema sa imong sakit.

Daghang katawohan misulay sa pagpakigsabot sa Dios. Sila nag-ingon nga kung ang Dios magaayo sa ilang mga sakit ug mga balatian una, sila motoo kang Hesus ug mosunod Kaniya pag-ayo. Bisan pa, tungod kay ang Dios nahibalo sa sentro sa kasingkasing sa matag tawo, human lang sa paghinlo sa mga katawohan sa espirituhanon nga paagi Siya magaayo sa matag usa kanila sa ilang mga pisikal nga mga sakit.

Pinaagi sa pagsabot nga ang mga hunahuna sa tawo ug ang mga hunahuna sa Dios managlahi, hinaut nga una nimong sundon ang kabubut-on sa Dios aron ang imong espiritu mahimong maayo samtang imong madawat ang mga panalangin sa pag-ayo sa imong sakit, sa ngalan sa atong Ginoo ako nagaampo!

Kapitulo 3

Ang Dios nga Mananambal

Exodo 15:26

Kung magpatalinghug ka sa masingkamuton gayud sa tingog sa GINOO nga imong Dios, ug magabuhat ka niadtong matarung sa Iyang mga mata, ug magapatalinghug sa iyang mga sugo, ug magabantay sa tanan Kaniya nga mga tulomanon, walay bisan unsang sakita sa mga gipadala Ko sa mga Ehiptohanon, nga igapadala Ko kanimo; kay Ako mao ang GINOO, nga magaayo kanimo.

Nganong Mahimo mang Masakiton ang Tawo?

Bisag gusto sa Dios nga mananambal ang tanan niyang mga anak nga magkinabuhi nga himsog, kadaghanan kanila nagantus sa kasakit sa sakit, nga dili makasulbad sa problema sa sakit. Ingon nga adunay hinungdan sa matag resulta, adunay hinungdan usab sa matag sakit. Kay ang bisan unsang sakit mahimong dali nga mamaayo sa higayon nga mahibal-an ang hinungdan, ang tanan nga buot makadawat sa kaayohan kinahanglan una nga mahibal-an ang hinungdan sa ilang mga sakit. Uban sa Pulong sa Dios gikan sa Exodo 15:26, kita magusisa sa hinungdan sa balatian, ug ang mga pamaagi diin kita mapalingkawas gikan sa sakit ug magkinabuhi nga himsog.

"Ang GINOO" usa ka ngalan nga gibutang alang sa Dios, ug kini nagpasabot nga "AKO MAO AKO" (Exodo 3:14). Ang ngalan usab nagpakita nga ang tanan nga uban nga mga binuhat ubos sa awtoridad sa Labing Gitahod nga Dios. Gikan sa paagi nga gitawag sa Dios ang Iyang Kaugalingon ingon nga "ang GINOO, nga nagaayo kanimo" (Exodo 15:26), atong nahibalan ang gugma sa Dios nga naghatag kanato ug kagawasan gikan sa pag-antus sa sakit ug sa gahum sa Dios nga naga-ayo sa sakit.

Sa Exodo 15:26, ang Dios nagsaad kanato, "Kung magpatalinghug ka sa masingkamuton gayud sa tingog sa GINOO nga imong Dios, ug magabuhat ka niadtong matarung sa Iyang mga mata, ug magapatalinghug sa 'Iyang mga sugo, ug magabantay sa tanan Kaniya nga mga tulomanon, walay bisan unsang sakita sa mga gipadala Ko sa mga Ehiptohanon, nga igapadala Ko kanimo; kay Ako mao ang GINOO nga magaayo kanimo." Busa, kon ikaw nasakit, kini nagsilbing usa ka pamatuod sa imong dili pagpaminaw pag-ayo sa Iyang tingog, wala maghimo sa unsay matarung sa Iyang mga mata, ug wala magtagad sa Iyang mga sugo.

Kay ang mga anak sa Dios mga lungsoranon sa langit, sila kinahanglan mosunod sa balaod sa langit. Apan, kung ang mga lungsoranon sa langit dili mosunod sa mga balaod niini, ang Dios dili makapanalipod kanila tungod kay ang sala mao ang kalapasan (1 Juan 3:4). Unya, ang mga puwersa sa sakit mokaylap, nga magbilin sa masinupakon nga mga anak sa Dios ubos sa kagul-anan sa sakit.

Susihon kanato sa detalyado ang mga pamaagi diin kita mahimong masakit, ang hinungdan sa sakit, ug unsaon pag-ayo sa gahum sa Dios nga Mananambal niadtong nag-antus sa sakit.

Usa ka Pananglitan kung Hain ang Usa ka Tawo Masakit isip nga Resulta sa Iyang Sala

Sa tibuok Biblia, ang Dios nagsulti kanato sa makadaghan nga ang hinungdan sa sakit mao ang sala. Mabasa sa Juan 5:14, "Human niini, gikahibalag ni Hesus [ang tawo nga iyang gi-ayo sa sayo pa] sa sulod sa templo, ug miingon kaniya, 'Tan-awa, maayo na ikaw; ayaw na pagpakasala aron dili mahitabo kanimo ang labi pang mangil-ad.'" Kini nga bersikulo nagpahinumdom kanato nga kung ang tawo makasala, siya mahimong masakit uban sa usa ka mas grabe nga sakit kay sa kaniadto, ug usab pinaagi sa sala, ang mga tawo masakit.

Sa Deuteronomio 7:12-15, ang Dios nagsaad kanato nga "Ug mahitabo nga, tungod kay nagapatalinghug kamo niining mga tulomanon ug nagabantay ug nagabuhat kanila, ang GINOO nga imong Dios magabantay uban kanimo sa Iyang pakigsaad ug sa Iyang mahigugmaong-kalolot nga gipanumpa Kaniya sa imong mga amahan. Ug Siya mahigugma kanimo ug magapanalangin kanimo ug magapadaghan kanimo; ug magapanalangin usab Siya sa bunga sa imong lawas ug sa bunga sa imong yuta, ug sa imong liso ug sa imong bino nga bag-o ug sa imong lana, ang dugang sa imong mga baca ug sa mga nati sa panon sa imong karnero, sa yuta nga gipanumpa Kaniya sa imong mga amahan nga ihatag kanimo. Mabulahan ikaw labi kay sa tanan nga mga katawohan; walay lalaki bisan babaye nga apuli sa taliwala ninyo, o sa imong kahayupan. Ug pagakuhaon sa GINOO gikan kanimo ang tanan nga balatian; ug walay bisan unsa sa dautan nga hampak sa Ehipto nga hibaloan nimo, nga igabutang Kaniya sa ibabaw nimo, kondili hinonoa igabutang Kaniya kini sa ibabaw sa tanang mga magadumot kanimo." Sa mga nagadumot mao ang dautan ug sala, ug ang sakit dad-on sa maong mga indibiduwal.

Diha sa Deuteronomio 28, nga sa kasagaran gitawag nga "Ang Kapitulo sa Panalangin," ang Dios nagsulti kanato sa mga matang sa mga panalangin nga atong madawat kung kita hingpit nga mosunod sa atong Dios ug mag-amping pag-ayo sa tanan

Kaniyang mga sugo. Gisulti usab Kaniya kanato ang mga matang sa tunglo nga moabot kanato ug modangat kanato kung dili kanato sundon pag-ayo ang tanan Kaniyang mga sugo ug mga mando.

Ilabi na nga gihisgotan sa detalye mao ang mga tipo sa sakit diin kita maladlad kung kita mosupak sa Dios. Ang mga kini mao ang mga hampak; kausikan nga mga sakit; hilanat; panghubag; makapaso nga kainit ug hulaw; sakit ug agup-op; "mga hubag sa Ehipto...mga bukol; naggilakgilak nga mga samad; ug ang katol, nga gikan diin ikaw dili mahimong maayo"; kabuang; pagkabuta; kalibog sa hunahuna nga walay usa nga makaluwas; ug mga kasakit sa mga tuhod ug mga bitiis nga may sakit nga mga hubag nga dili mamaayo, nga mikaylap gikan sa lapalapa sa tiil ngadto sa tumoy sa ulo (Deuteronomio 28:21-35).

Pinaagi sa husto nga pagsabot nga ang hinungdan sa sakit mao ang sala, kung ikaw nasakit, ikaw kinahanglan una nga maghinulsol nga wala magkinabuhi pinaagi sa Pulong sa Dios ug makadawat sa kapasayloan. Sa higayon nga makadawat ka sa pag-ayo pinaagi sa pagkabuhi sumala sa Pulong, dili ka na gayud magpakasala pag-usab.

Usa ka Pananglitan Diin ang Usa Nasakit Bisan Siya Naghunahuna nga Siya Wala Nakasala

Ang pipila ka mga katawohan nag-ingon nga bisan wala

sila makasala, sila nasakit gihapon. Apan, ang Pulong sa Dios nagsulti kanato nga kung atong buhaton ang matarung diha sa mga mata sa Dios, kung kita magatuman sa Iyang mga sugo ug magsunod sa tanan Kaniyang mga tulumanon, nan ang Dios dili mopadapat kanato sa bisan unsang mga sakit. Kung kita nasakit, kinahanglan atong ilhon nga sa atong pagpadulong wala kanato gibuhat ang maayo sa Iyang panan-aw ug wala magtuman sa Iyang mga sugo.

Nan, unsa man ang sala nga maoy hinungdan sa mga sakit?

Kung ang usa mogamit sa himsog nga lawas nga gihatag sa Dios kaniya nga walay pagpugong sa kaugalingon o sa imoral nga paagi, misupak sa Iyang mga sugo, naghimog mga kasaypanan, o nabuhi sa usa ka dili maayo nga kinabuhi, siya nagbutang sa iyang kaugalingon sa mas daku nga risgo nga masakit. Sa niini nga kategoriya sa sakit usab ang usa ka sakit sa tiyan gikan sa sobra o dili regular nga sumbanan sa pagkaon, usa ka sakit sa atay gikan sa padayon nga pagpanigarilyo ug pag-inom, ug daghan pang uban nga matang sa mga sakit gikan sa sobra nga pagtrabaho sa lawas.

Kini mahimo nga dili usa ka sala gikan sa panglantaw sa tawo, apan sa mga mata sa Dios kini usa ka sala. Ang sobra nga pagkaon usa ka sala tungod kay kini nagpakita sa kahakog sa usa ka tawo ug kawalay katakos sa pagpugong sa kaugalingon. Kung ang usa nasakit gikan sa dili regular nga sumbanan sa pagkaon, ang iyang sala mao ang dili pagkinabuhi sa usa ka nabase sa rutina nga kinabuhi o nagtuman sa oras sa iyang pagkaon, apan nag-abusar sa iyang lawas nga walay pagpugong sa kaugalingon. Kung ang usa nasakit human sa pagkonsumo sa pagkaon nga dili pa andam, ang iyang sala mao ang pagkawalay pailob - nga wala nagbuhat sumala sa kamatuoran.

Kung ang usa ka tawo migamit sa usa ka kutsilyo nga walay pag-andam ug nasamaran ang iyang kaugalingon, ug ang samad mihubag, kana usab resulta sa iyang sala. Kung siya tinuod nga nahigugma sa Dios, Siya manalipod sa tawo sa tanang panahon gikan sa mga aksidente. Bisan kung nakahimo siya og usa ka sayop, ang Dios unta mohatag sa usa ka paagi nga siya makalingkawas ug, tungod kay Siya nagabuhat alang sa kaayohan sa mga katawohan nga nahigugma Kaniya, ang lawas dili unta masamdan. Ang mga samad ug mga kadaot tingali nahitabo tungod kay siya dali nga milihok ug dili sa mahiyason nga paagi, nga parehong dili matarung sa panan-aw sa Dios, sa ingon naghimo sa iyang lihok nga makakasala.

Ang sama nga lagda magamit sa pagpanigarilyo ug paginom. Kung nahibal-an sa usa nga ang iyang mga hunahuna makatabon sa iyang hunahuna, modaot sa iyang bronkus, ug makahinungdan sa kanser apan dili gihapon moundang, ug kung ang usa nasayod nga ang hilo sa alkohol makadaot sa iyang tiyan ug makadaot sa iyang mga organo sa lawas, apan dili gihapon makahunong, maoy makasasala nga mga binuhatan. Kini nagpakita sa iyang kawalay katakos sa pagpugong sa kaugalingon ug sa iyang kahakog, sa iyang kakulang sa paghigugma sa iyang lawas, ug sa iyang wala pagsunod sa kabubut-on sa Dios. Sa unsa nga paagi kini dili mahimong makasasala?

Bisan kung wala kita makasiguro kung ang tanang mga sakit mao ang resulta sa sala, kita makasiguro na niini human masusi ang daghang mga nagkalainlaing mga kaso ug gisukod kini batok sa Pulong sa Dios. Kita kinahanglan kanunay nga mosunod ug magkinabuhi pinaagi sa Iyang Pulong aron kita mapahigawas gikan sa sakit. Sa laing pagkasulti, kung buhaton kanato ang matarung sa Iyang mga mata, pagtagad sa Iyang mga sugo, ug pagtuman sa tanan Kaniyang mga tulumanon, Siya manalipod ug mobantay kanato gikan sa sakit sa tanang panahon.

Mga Sakit nga Hinungdan sa Neurosis ug Uban pang mga Sakit sa Pangisip

Ang estatistika nagsulti kanato nga ang gidaghanon sa mga tawo nga nag-antus gikan sa neurosis ug uban pang mga sakit sa pangisip nagkadaku. Kung ang mga katawohan mapailubon sumala sa gitudlo kanato sa Pulong sa Dios, ug kung sila magpasaylo, maghigugma, ug makasabot sumala sa kamatuoran, sila dali nga mahigawas gikan sa maong mga sakit. Bisan pa, aduna gihapoy dautan nga nagpabilin sa ilang mga kasingkasing ug ang dautan nagdili kanila sa pagkinabuhi pinaagi sa Pulong. Ang kahingawa sa pangisip nagpahuyang sa ubang mga parte sa lawas ug sa sistema nga immune, nga sa ulahi mopadulong sa sakit. Kung kita magkinabuhi pinaagi sa Pulong, ang atong mga pagbati dili mapukaw, dili kita mahimong mainiton, ug ang atong mga hunahuna dili madasig.

Adunay mga naglibot kanato nga wala magpakita sa dautan apan maayo, apan nag-antus gikan niini nga matang sa mga sakit. Kay gipugngan kanila ang ilang mga kaugalingon gikan sa kasagaran nga pagpahayag sa mga pagbati, sila nag-antus gikan sa usa ka mas grabe nga sakit kay sa mga nagpagawas sa ilang kasuko ug kapungot. Ang pagkamaayo sa kamatuoran dili ang kasakit gikan sa panagbangi taliwala sa nagkalahi nga mga emosyon; kini sa baylo nga pagsabot sa usag usa sa pagpasaylo ug paghigugma ug paghupay sa pagpugong sa kaugalingon ug paglahutay.

Dugang pa, sa dihang ang mga katawohan sa pagkahibalo naghimog sala, sila nag-antus sa sakit sa pangisip gikan sa kahingawa ug kalaglagan. Kay wala sila nagbuhat sa pagkamaayo apan nahulog ngadto sa pagkadautan, ang ilang pag-antus sa panghunahuna nagmugna og sakit. Atong mahibal-an nga ang neurosis ug uban pang mga sakit sa pangisip gipahamtang sa kaugalingon, tungod sa atong kaugalingong binuang ug dautan nga mga paagi. Bisan sa ingon nga kahimtang, ang Dios sa gugma magaayo sa tanan nga nagapangita Kaniya ug buot makadawat sa Iyang pag-ayo. Dugang pa, Siya usab mohatag kanila og paglaum alang sa langit ug tugotan sila nga magkinabuhi sa tinuod nga kalipay ug kahupayan.

Ang mga sakit gikan sa kaaway nga yawa mao usab tungod sa sala

Ang uban nga mga katawohan gisudlan ni Satanas ug nagantus gikan sa tanang mga sakit nga gibutang sa kaaway nga yawa kanila. Kini tungod kay ilang gisalikway ang kabubut-on sa Dios ug mibiya sa kamatuoran. Ang hinungdan sa daghan nga mga katawohan nga masakiton, may kakulangan sa pisikal, ug gisudlan sa mga demonyo sa mga pamilya nga nagsimba sa mga diosdios og maayo tungod kay gikadumtan sa Dios ang pagsimba sa diosdios.

Diha sa Exodo 20:5-6 atong makita, "Dili mo iyukbo ang imong kaugalingon kanila, ni mag-alagad kanila; kay Ako ang GINOO nga imong Dios, mao ang Dios nga abughoan, nga nagadu-aw sa pagkadautan sa mga amahan sa ibabaw sa mga anak, sa ibabaw sa ikatulo ug sa ibabaw sa ikaupat nga kaliwatan sa mga nagadumot Kanako, apan nagapakita Ako sa mahigugmaong kalolot alang sa linibo kanila nga nahigugma Kanako, ug nagabantay sa Akong mga sugo." Gihatag Kaniya kanato ang usa ka labi nga sugo, nga nagdili kanato sa pagsimba sa mga diosdios. Gikan sa Napulo ka mga Sugo nga gihatag Kaniya kanato, sa unang duha ka mga Sugo – "Dili ka magbaton ug lain nga mga dios sa atubangan Ko" (b. 3) ug "Alang kanimo dili ka magbuhat ug usa ka larawan nga linilok bisan sa dagway sa bisan unsang butanga nga atua sa itaas sa langit, o dinhi sa ilalum sa yuta, o sa anaa sa tubig sa ilalum sa yuta" (b. 4) – dali natong masulti kung unsa kadaku gikadumtan sa Dios ang pagsimba sa diosdios.

Kung ang mga ginikanan mosupak sa kabubut-on sa Dios ug

mosimba sa mga diosdios, ang ilang mga anak natural mosunod sa ilang pagpangulo. Kung ang mga ginikanan dili mosunod sa Pulong sa Dios ug mobuhat sa dautan, ang ilang mga anak natural nga mosunod sa ilang pagpanguna ug magbuhat sa dautan. Sa diha nga ang sala sa pagkamasupakon makaabot sa ikatulo ug ikaupat nga kaliwatan, ingon nga usa ka suhol sa sala, ang ilang mga kaliwat mag-antus gikan sa mga sakit nga gipahamtang kanila sa kaaway nga yawa.

Bisan kung ang mga ginikanan nagsimba sa mga diosdios apan kung ang ilang mga anak, gikan sa pagkamaayo sa ilang mga kasingkasing, mosimba sa Dios, Siya mopakita sa Iyang gugma ug kaluoy ug mopanalangin kanila. Bisan pa ang mga katawohan sa kasamtangan nag-antus sa mga sakit nga gipahamtang sa yawa human sa pagsalikway sa kabubut-on sa Dios ug nahisalaag gikan sa kamatuoran, sa dihang sila maghinulsol ug motalikod sa ilang mga dalan gikan sa sala, ang Dios nga Mananambal magalimpyo kanila. Ang uban Iyang ayohon dayon; ang uban Iyang ayohon sa ulahi; ug ang uban pa Siya magaayo sumala sa pagtubo sa ilang pagtoo. Ang buhat sa pagpanambal mahitabo sumala sa kabubut-on sa Dios: kung ang mga katawohan adunay dili mausab nga mga kasingkasing sa Iyang mga mata, sila mamaayo dihadiha; apan, kung ang ilang mga kasingkasing linglahon, sila mamaayo sa ulahing panahon.

Kita mamahimong gawasnon sa sakit kung mabuhi kita sa pagtoo

Kay si Moises labaw nga mapainubsanon kaysa kang bisan kinsa sa ibabaw sa yuta (Numeros 12:3) ug matinumanon sa tanan nga balay sa Dios, siya giisip nga kasaligan nga alagad sa Dios (Numeros 12:7). Ang Biblia nagsulti usab kanato nga sa dihang si Moises namatay sa panuigon nga usa ka gatus ug kawhaan ka tuig, ang iyang mga mata wala mahuyang ni ang iyang kusog nawala (Deuteronomio 34:7). Kay si Abraham usa ka tibuok nga tawo nga misunod sa pagtoo ug gitahud ang Dios, siya nagkinabuhi hangtud sa edad nga 175 (Genesis 25:7). Si Daniel himsog bisan tuod ang tanan nga iyang gikaon mao ang mga utanon (Daniel 1:12-16), samtang si Juan Bautista ligon bisan siya mikaon lamang sa mga dulon ug ihalas nga dugos (Mateo 3:4).

Ang usa tingali matingala kung unsaon nga ang mga katawohan magpabilin nga himsog nga dili magkaon og karne. Apan, sa dihang una nga gibuhat sa Dios ang tawo, gisugo Kaniya siya sa pagkaon lamang sa bunga. Sa Genesis 2:16-17 ang Dios nagsulti sa tawo, "Makakaon ka sa tanan nga kahoy sa tanaman; apan sa kahoy nga sa pag-ila sa maayo ug sa dautan, dili ka magkaon niini; kay sa adlaw nga mokaon ka niini, mamatay ka gayud." Human sa pagsupak ni Adan, ang Dios nagpakaon lamang kaniya sa mga tanom sa kapatagan (Genesis 3:18), ug samtang ang sala nagpadayon sa paglambo niining kalibutan, human sa Paghukom sa Lunop, gisultihan sa Dios si Noe sa Genesis 9:3, "Ang tanang butang nga nagalihok ug buhi mahimong kalan-on alang kaninyo; ingon sa mga utanon ug mga balili gihatag Ko kaninyo ang tanan." Ingon nga ang tawo nagkaanam og dautan, ang Dios nagtugot kanila sa pagkaon sa karne, apan dili bisan unsa nga "dulumtanan" nga pagkaon (Levitico 11; Deuteronomio 14).

Sa panahon sa Bag-ong Kasabotan, ang Dios nagsulti kanato diha sa Mga Buhat 15:29, "Nga kinahanglan inyong dumilian ang bisan unsa nga gikadulot ngadto sa mga diosdios, ug ang dugo, ug ang mga mananap nga naluok, ug ang pakighilawas; kung kamo managlikay gikan niining mga butanga, ginabuhat ninyo ang maayo." Gitugotan Kaniya kita nga mokaon sa pagkaon nga mapuslanon sa atong panglawas ug mitambag kanato sa paglikay sa pagkaon nga makadaot kanato; kini labi ka mapuslanon alang kanato nga dili mokaon o moinom sa bisan unsang pagkaon nga wala kahimut-i sa Dios. Ingon nga kita nagsunod sa kabubut-on sa Dios ug mabuhi sa pagtoo, ang atong mga lawas mahimong mas lig-on, ang mga sakit mobiya kanato, ug walay laing sakit nga mosulong kanato.

Dugang pa, dili kita masakit kung kita mabuhi sa pagkamatarung uban ang pagtoo tungod kay duha ka libo ka tuig na ang milabay, si Hesukristo mianhi niining kalibutana ug nagdala sa tanan kanatong bug-at nga mga palas-anon. Samtang nagtoo kita niana pinaagi sa pagpaagas sa Iyang dugo, si Hesus nagtubos kanato gikan sa atong mga sala ug pinaagi sa Iyang paglapdos ug pagkuha sa atong mga kaluyahon (Mateo 8:17) kita nangaayo, kini buhaton sumala sa atong pagtoo (Isaias 53:5-6; 1 Pedro 2:24).

Sa wala pa kita makahimamat sa Dios, kita walay pagtoo. Nagkinabuhi kita sa paggukod sa mga tinguha sa atong makasasala nga kinaiya ug nag-antus sa nagkalainlaing mga sakit isip sangputanan sa atong sala. Kung kita mabuhi sa pagtoo ug buhaton ang tanan diha sa pagkamatarung, kita panalanginan sa pisikal nga panglawas.

Samtang ang hunahuna mahimsog, ang lawas mahimong himsog. Samtang nabuhi kita sa pagkamatarung ug naglihok sumala sa Pulong sa Dios, ang atong mga lawas mapuno sa Espiritu Santo. Ang mga sakit magabiya kanato ug samtang ang atong mga lawas makadawat sa pisikal nga kahimsog, walay sakit nga mokaylap kanato. Kay ang atong mga lawas magmalinawon, mobati og kagaan, malipayon, ug himsog, dili kita manginahanglan apan magpasalamat lamang sa paghatag sa Dios kanato sa kahimsog.

Hinaut nga ikaw molihok sa pagkamatarung ug sa pagtoo aron nga ang imong espiritu magmaayo, ikaw mamaayo sa tanan mong mga sakit ug balatian, ug makadawat sa kahimsog! Hinaut nga madawat nimo ang dagayang gugma sa Dios sa imong pagsunod ug pagtuman sa Iyang Pulong - kining tanan sa ngalan sa atong Ginoo nag-ampo ako!

Kapitulo 4

Pinaagi sa Iyang Paglapdos
kita Nangaayo

Isaias 53:4-5

Sa pagkamatuod gipas-an Kaniya ang atong kasakitan, ug gipas-an Kaniya ang atong mga kasub-anan; apan Siya giila kanato nga binunalan, hinampak sa Dios, ug sinakit. Apan Siya ginasamaran tungod sa atong kalapasan, Siya napangos tungod sa atong mga kasalanan; ang silot sa atong pakigdait diha sa ibabaw Kaniya; ug tungod sa Iyang mga paglapdos kita nangaayo

Si Hesus isip nga Anak sa Dios Nag-ayo sa Tanang Sakit

Samtang ang mga katawohan mopalawig sa ilang kaugalingong mga kurso sa kinabuhi, sila makasugat og lainlaing mga problema. Sama nga ang dagat dili kanunay kalma, sa kadagatan sa kinabuhi daghang mga problema nga nagagikan sa balay, trabaho, negosyo, sakit, bahandi, ug uban pa. Dili kini usa nga pagpasobra sa pagsulti nga taliwala niining mga kasamok sa kinabuhi, ang labing mahinungdanon mao ang sakit.

Dili igsapayan ang gidaghanon sa bahandi ug kahibalo nga maangkon sa tagsa-tagsa, kung siya gihampak sa usa ka kritikal nga sakit ang tanan nga iyang gitrabahoan sa tibuok kaniyang kinabuhi walay nada apan mahimong usa ka bula. Sa usa ka bahin, nakita kanato nga samtang ang pag-uswag sa materyal nga sibilisasyon ug pagdato mouswag, ang tinguha sa tawo alang sa panglawas nagsaka usab. Sa pikas nga bahin, bisan unsa pa kauswag sa paglambo sa siyensiya ug medisina, ang mga bag-o ug mga talagsaon nga mga klase sa mga balatian - nga sa diin ang ihibalo sa tawo wala'y pulos - padayon nga nadiskobrehan ug ang kadaghanon sa mga katawohan nga nag-antus kanunay nga nagkadaku. Tingali mao kini nganong adunay mas daku nga pagpasiugda sa kahimsog karon.

Ang pag-antus, sakit, ug kamatayon - ang tanan nga naggikan sa sala - nagpakita sa utlanan sa tawo. Sama sa Iyang gibuhat sa mga panahon sa Daang Kasabotan, ang Dios nga Mananambal nagpresentar kanato karon sa paagi diin ang mga tawo nga nagtoo Kaniya mahimong mamaayo sa tanan nga mga sakit, pinaagi sa ilang pagtoo ni Hesukristo. Susihon kanato ang Biblia ug tan-awa ngano nga nakadawat kita og mga tubag sa problema sa sakit ug magkinabuhi sa himsog nga mga kinabuhi pinaagi sa atong pagtoo ni Hesukristo.

Dihang gipangutana ni Hesus ang Iyang mga disipolo, "Apan kamo, unsa may inyong sulti, kinsa man Ako?" Si Simon Pedro mitubag, "Ikaw mao ang Kristo, ang Anak sa Dios nga buhi." (Mateo 16:5-16). Kini nga tubag sayon ra kaayo paminawan, apan kini usab tin-aw nga nagpadayag nga si Hesus lamang ang Kristo.

Atol sa Iyang panahon, usa ka dakung pundok ang misunod kang Hesus tungod kay Siya miayo dayon sa mga masakiton. Naglakip kini sa mga gisudlan og demonyo, mga epileptiko, mga paralitiko, ug uban pa nga nag-antus sa lainlaing sakit. Sa diha nga ang mga sanlahon, ang mga katawohan nga adunay hilanat, ang mga bakol, ang mga buta, ug ang uban nangaayo sa paghikap ni Hesus, nagsugod sila sa pagsunod ug pag-alagad Kaniya. Unsa kaha ka talagsaon ang pagkakita niini? Sa pagsaksi sa mga milagro ug mga katingalahan, ang mga katawohan mitoo ug midawat kang Hesus, nakadawat sa mga tubag sa mga problema sa kinabuhi, ug ang mga masakiton nakasinati sa buhat sa pagpangayo. Dugang pa, sama sa pag-ayo ni Hesus sa mga katawohan sa Iyang panahon, si bisan kinsa nga moadto sa atubangan ni Hesus mahimo usab nga makadawat sa kaayohan karon.

Usa ka lalaki nga dili kaayo lahi sa usa ka bakol mitambong sa usa ka Biyernes nga Tibuok nga Gabii nga Serbisyo sa Pagsimba sa wala madugay human sa pagkatukod sa akong iglesia. Human sa usa ka aksidente sa sakyanan, ang tawo nakadawat og terapiya sa dugay nga panahon sa ospital. Apan, tungod kay ang mga ugat sa iyang mga tuhod gipalapdan, dili siya makapiko sa iyang tuhod ug tungod kay ang iyang bitiis dili makalihok, imposible nga siya makalakaw. Sa iyang pagpaminaw sa Pulong nga giwali, nangandoy siya nga dawaton si Hesukristo ug mamaayo. Sa dihang nag-ampo ko og madilaabon alang sa tawo, mibarug siya dayon ug misugod paglakaw ug pagdagan. Sama sa usa ka tawo nga bakol nga anaa sa duol sa usa ka pultahan sa templo nga gitawag og Matahum nga milukso sa iyang mga tiil ug misugod sa paglakaw sa pag-ampo ni Pedro (Mga Buhat 3:1-10), usa ka milagro nga buhat sa Dios ang gipakita.

Kini nagsilbing pamatuod nga si bisan kinsa nga mosalig kang Hesukristo ug makadawat sa kapasayloan sa Iyang ngalan mahimong hingpit nga mamaayo gikan sa tanan kaiyang mga sakit - bisan pa nga dili sila ayohon sa medikal nga siyensiya - kay ang iyang lawas nabag-o ug gipahiuli. Ang Dios nga mao ang kagahapon ug karon ug sa walay katapusan (Mga Hebreohanon 13:8) nagabuhat sa mga katawohan nga nagtoo sa Iyang Pulong ug nangita sumala sa gidak-on sa ilang pagtoo, ug Siya maga-ayo sa nagkalainlaing mga sakit, abrihan ang mga mata sa buta, ug nagpatindog sa baldado.

Si bisan kinsa nga midawat kang Hesukristo, gipasaylo sa tanan kanilang mga sala, ug nahimo nga usa ka anak sa Dios kinahanglan karon nga magkinabuhi sa usa ka kinabuhi sa kagawasan.

Atong susihon pag-ayo sa detalye karon kung nganong ang matag usa kanato mahimong magkinabuhi sa usa ka himsog nga kinabuhi kung kita motoo kang Hesukristo.

Si Hesus Gilapdusan ug Gipaagas ang Iyang Dugo

Sa wala pa ang Iyang paglansang sa krus, si Hesus gilapdusan sa mga Romano nga mga sundalo ug gipaagas ang Iyang dugo sa korte ni Poncio Pilato. Ang mga Romano nga mga sundalo sa Iyang panahon adunay maayo nga panglawas, hilabihan ka lig-on, ug maayong pagkabansay. Sa pagkatinuod, sila ang mga sundalo sa usa ka imperyo nga nagmando sa kalibutan nianang panahona. Ang dili-maantus nga kasakit nga gihulatay ni Hesus sa dihang kining mga baskog nga mga sundalo mihubo ug gibunalan Siya dili igo nga mahulagway sa mga pulong. Sa matag paglapdos, ang latigo miputos sa lawas ni Hesus ug mitangtang sa Iyang unod ug ang dugo nagtulo gikan sa Iyang lawas.

Ngano nga si Hesus, ang Anak sa Dios nga walay sala, kabasulan, o sayop, kinahanglan nga bunalan nga mapintas ug magdugo alang kanato nga mga makasasala? Nakasulod sa niini nga hitabo mao ang usa ka espirituhanon nga implikasyon sa daku nga kahiladman ug katingalahan nga probidensya sa Dios.

Ang 1 Pedro 2:24 nagsulti kanato nga pinaagi sa mga samad ni Hesus kita naayo. Sa Isaias 53:5 atong mabasa nga pinaagi sa Iyang paglapdos kita nangaayo. Mga duha ka libo ka tuig na ang milabay, si Hesus nga Anak sa Dios gilapdusan aron tubson kita gikan sa kagul-anan sa sakit ug ang dugo nga Iyang gipaagas alang sa atong sala nga wala magkinabuhi pinaagi sa Pulong sa Dios. Sa diha nga kita magtoo sa Hesus nga gilapdusan ug nagpadugo, kita mahigawas na gikan sa atong mga sakit ug naayo. Kini usa ka timaan sa talagsaon nga gugma ug kaalam sa Dios.

Busa, kung ikaw nag-antus gikan sa sakit isip usa ka anak sa Dios, hinulsoli ang imong mga sala ug tuohi nga ikaw naayo na. "Karon ang pagtoo mao ang pasalig kanato sa mga butang nga atong ginapaabut, ug ang panghimatuod sa pagkaanaa sa mga butang nga dili nato makita" (Mga Hebreohanon 11:1), bisan kung gibati nimo ang kasakit sa mga apektadong bahin sa imong lawas, pinaagi sa pagtoo diin ikaw makaingon, "Ako naayo na," kini sa tinuod mamaayo na sa dili madugay.

Atol sa akong mga tuig sa elementarya sa eskwelahan, nasakitan nako ang usa sa akong mga gusok ug kini nagbalik-balik sa matag panahon, ang kasakit dili na maagwanta nga ako naglisud sa pagginhawa. Usa ka tuig o duha human sa akong pagdawat ni Hesukristo, ang kasakit mibalik sa dihang gisulayan kanako nga mopas-an sa usa ka bug-at nga butang ug dili gani ko makahimog usa pa ka lakang. Bisan pa, tungod kay ako nakasinati ug nagtoo sa gahum sa makagagahum nga Dios, matinguhaon ko nga nag-ampo, "Sa dihang maglihok-lihok ko sa dili madugay human ako mag-ampo, ako nagtoo nga ang kasakit mawala ug ako molakaw." Kay ako nagtoo lamang sa akong makagagahum nga Dios ug gipapas sa hunahuna ang kasakit, ako makabarug ug makalakaw. Morag kini nga ang kasakit anaa lang sa akong imahinasyon.

Sama sa gisulti ni Hesus kanato sa Marcos 11:24, "Busa sultihan Ko kamo, nga bisan unsay inyong pangayoon pinaagi sa pag-ampo, toohi nga inyo na kini nga nadawat, ug kamo magadawat niini," kung kita nagtoo nga kita naayo na, kita sa tinuod makadawat sa pag-ayo sumala sa atong pagtoo. Apan, kung kita naghunahuna nga wala pa kita mamaayo tungod sa nagpabilin nga kasakit, ang sakit dili mamaayo. Sa laing pagkasulti, sa ato lang pagbungkag sa pagkabalay diha sa atong kaugalingong mga hunahuna, nga mabuhat ang tanan sumala sa atong pagtoo.

Mao kana nga ang Dios nagsulti kanato nga ang makasasala nga panghunahuna supak sa Dios (Mga Taga-Roma 8:7), ug nag-awhag kanato sa pagbihag sa matag hunahuna aron kini magmasulundon sa Dios (2 Mga Taga-Corinto 10:5). Dugang pa, diha sa Mateo 8:17 atong makita nga si Hesus mikuha sa atong mga kaluyahon ug nagpas-an sa atong mga sakit. Kung maghunahuna ka nga 'Ako maluya,' magpabilin ka lang nga mahuyang. Apan bisan unsa pa ka lisud ug kakapoy ang imong kinabuhi, kung ang imong mga ngabil mokumpisal, "Kay ania kanako ang gahum ug grasya sa Dios ug ang Espiritu Santo nga nagdumala kanako, wala ako gikapoy," ang kakapoy mawala ug ikaw mahimong usa ka malig-on nga tawo.

Kung kita sa tinuod nagtoo kang Hesukristo nga nagkuha sa atong mga kaluyahon ug nagdala sa atong mga sakit, kinahanglan atong hinumduman nga walay rason nga kita mag-antus sa sakit.

Sa pagkakita ni Hesus sa ilang pagtoo

Karon nga kita nangaayo na sa atong mga sakit pinaagi sa pagpanglapdos kang Hesus, ang atong gikinahanglan mao ang pagtoo nga kita makatoo niini. Karon, daghang mga katawohan nga wala motoo kang Hesukristo moadto sa Iyang atubangan uban sa ilang mga sakit. Ang pipila ka mga katawohan naayo sa gamay nga panahon human silang nakadawat kang Hesukristo samtang ang uban wala magpakita bisan unsa nga pag-uswag bisan human sa pila ka mga bulan nga pag-ampo. Ang ulahing pundok sa mga katawohan kinahanglan nga motan-aw og balik ug magsusi sa ilang pagtoo.

Uban sa usa ka asoy nga gihisgotan sa Marcos 2:1-12, susihon kanato kung giunsa sa paralitiko ug sa iyang upat ka mga higala sa pagpakita sa ilang pagtoo, gipugos ang pag-ayo sa kamot sa Ginoo aron mapahigawas siya gikan sa iyang sakit, ug naghimaya sa Dios.

Sa pagduaw ni Hesus sa Capernaum, ang balita sa Iyang pag-abot gilayon nga mikaylap ug usa ka dakung panon sa katawohan ang nagtigom. Si Hesus nagwali ngadto kanila sa Pulong sa Dios - ang kamatuoran - ug ang panon nagpatalinghug, nga wala magtinguha nga maliban bisan sa usa ka pulong ni Hesus. Ug niadtong tungora, adunay upat ka tawo ang midiala sa usa ka paralitiko sa usa ka banig apan tungod sa daku nga panon sa katawohan, wala kanila madala ang paralatiko sa duol ni Hesus.

Bisan pa niana, sila wala mohunong. Hinonoa, misaka sila sa atop sa balay diin didto si Hesus nagpuyo; nagbuhat sa usa ka abrihanan sa ibabaw Kaniya, nagkalot lahos niini, ug gipaubos ang higdaan diin ang paralitiko naghigda. Ug sa pagkakita ni Hesus sa ilang pagsalig, siya miingon sa paralitiko, "Anak, ang imong mga sala gipasaylo na... tumindog ka, ug dad-a ang imong higdaanan ug pumauli ka," ug ang paralitiko nakadawat sa kaayohan nga iyang matinguhaon nga gipangayo. Ug sa diha nga siya mikuha sa iyang higdaanan ug milakaw sa gawas sa kinataliwad-an sa tanan, ang mga katawohan nahingangha ug naghimaya sa Dios.

Ang paralitiko nag-antus gikan sa usa ka grabe nga sakit nga siya dili makahimo sa paglihok sa iyang kaugalingon. Sa diha nga ang paralitiko nakadungog sa balita mahitungod ni Hesus, kinsa mibuka sa mga mata sa buta, mipatindog sa mga bakol, giayo ang usa ka sanlahon, gipagula ang mga demonyo, ug giayo ang daghang uban nga nag-antus sa nagkalainlaing mga sakit, buot kaniya pag-ayo nga mahimamat si Hesus. Kay maayo ang iyang kasingkasing, sa dihang nadungog sa maong paralitiko ang maong balita, nangandoy siyang nga mahimamat si Hesus sa higayon nga nahibaw-an kaniya kung asa Siya.

Unya usa niana ka adlaw, nadungog sa paralitiko nga si Hesus miadto sa Capernaum. Mahanduraw ba kanimo kung unsa ka malipayon siya sa pagkadungog sa balita? Tingali siya nangita sa iyang mga higala kinsa makatabang kaniya, ug ang iyang mga higala, kinsa maayo nga adunay kaugalingong pagtoo, dali nga midawat sa hangyo sa ilang higala. Kay ang mga higala sa paralitiko nakadungog usab sa balita mahitungod kang Hesus, sa dihang ang ilang higala matinguhaon nga mihangyo kanila sa pagdala kaniya ngadto kang Hesus, sila miuyon.

Kung ang mga higala sa paralitiko wala magtagad sa iyang hangyo ug gibugalbugalan siya, nga nag-ingon, "Unsaon man nimo pagtoo sa mga butang nga wala nimo makita kini sa imong kaugalingon?" Wala unta sila maghimo sa tanan nga kalisud aron matabangan ang ilang higala. Apan, tungod kay sila usab adunay pagtoo, ilang madala ang ilang higala sa usa ka higdaanan, nga ang matag usa kanila nagdala sa usa ka tumoy sa higdaanan, ug naghimo pa gani og kalisud aron sa pag-abli sa atop sa balay.

Sa dihang nakita kanila ang dakung pundok sa mga katawohan nga nagkatigom human sa kalisud nga paglakaw, ug dili makasulod ngadto kang Hesus, unsa kaha sila nagkabalaka ug nagkaluya tungod niini? Sila tingali mihangyo ug nangamuyo pa gani alang sa gamay nga agianan. Bisan pa, tungod sa kadaghan sa mga katawohan nga nagtigom, wala sila makakita sa agianan ug sila tingali nahimong desperado. Sa katapusan, nakahukom sila nga moadto sa atop sa balay nga gipuy-an ni Hesus, nagbuslot og agianan, ug gipaubos ang ilang higala nga naghigda sa higdaanan sa atubangan ni Hesus. Ang paralitiko miabot ug nahimamat si Hesus sa labing duol kay sa bisan kang kinsa nga nagtigom. Pinaagi niini nga istorya, atong makat-unan kung unsa ka matinguhaon ang paralitiko ug ang iyang mga higala sa pagpangandoy nga moadto sa atubangan ni Hesus.

Kinahanglan nga atong hatagan ug pagtagad ang kamatuoran nga ang paralitiko ug ang iyang mga higala wala lang yano nga miadto kang Hesus. Ang kamatuoran nga nasinati nila ang tanan nga kagubot sa paghimamat Kaniya human lang makadungog sa balita Kaniya nagsulti kanato nga sila mitoo sa balita Kaniya ug sa mensahe nga Iyang gitudlo. Dugang pa, pinaagi sa pagbuntog sa dayag nga mga kalisdanan, paglahutay, ug sa maisugon nga pagduol kang Hesus, ang paralitiko ug ang iyang mga higala nagpakita unsa sila ka mapainubsanon sa dihang sila miadto sa Iyang atubangan.

Sa dihang nakita sa mga katawohan ang paralitiko ug ang iyang mga higala nga nangadto sa atop ug giablihan kini, ang panon sa katawohan tingali nagatamay kanila o nangasuko. Tingali usa ka panghitabo nga dili nato mahunahuna mahitabo. Apan, niining lima ka mga tawo, wala'y bisan unsa ug walay usa nga makababag sa ilang agianan. Sa dihang nahimamat kanila si Hesus, ang paralitiko mamaayo ug sila dali ra makaayo o mabayran ang kadaot sa atop.

Apan, taliwala sa daghan nga mga katawohan nga nag-antus gikan sa grabe nga mga sakit karon, lisud ang pagpangita sa pasyente sa iyang kaugalingon o sa iyang pamilya sa pagpahayag sa pagtoo. Imbis nga maisugon nga moduol kang Hesus, sila daling moingon, "Ako masakiton kaayo. Ganahan kong moadto apan dili ako makahimo," o "Ingon nga siya sa akong pamilya luya kaayo nga dili na siya mahimong malihok." Makapaluyag kasingkasing kaayo ang pagkakita sa ingon nga walay buot nga mga katawohan nga naghulat lamang sa usa ka mansanas nga ihulog sa ilang mga baba gikan sa kahoy nga mansanas. Kini nga mga katawohan, sa laing pagkasulti, kulang sa pagtoo.

Kung ang mga katawohan magkompisal sa ilang pagtoo sa Dios, kinahanglan adunay pagkamatinuoron nga pinaagi niini ilang mapakita ang ilang pagtoo. Kay ang usa ka tawo dili makasinati sa buhat sa Dios pinaagi sa pagtoo nga nadawat ug gitipigan lamang ingon nga kahibalo, sa pagpakita lamang kaniya sa iyang pagtoo sa buhat, nga ang iyang pagtoo mahimong buhi nga pagtoo nga mao lang nga ang sukaranan sa pagtoo alang sa pagdawat sa hinatag sa Dios nga espirituhanon nga pagtoo matukod. Busa, maingon nga ang paralitiko nakadawat sa pag-ayo sa buhat sa Dios sa iyang sukaranan sa pagtoo, kita kinahanglan usab nga mamahimong maalamon ug magpakita Kaniya sa atong mga sukaranan sa pagtoo - ang pagtoo mismo - aron kita usab mahimo nga magkinabuhi sa mga kinabuhi diin atong madawat ang hinatag sa Dios nga espirituhanon nga pagtoo ug masinati ang Iyang mga milagro.

Ang imong mga sala gipasaylo

Ngadto sa paralitiko nga miadto sa atubangan Kaniya uban sa tabang sa iyang upat ka higala, si Hesus miingon, "Anak, ang imong mga sala gipasaylo," ug nasulbad ang problema sa sala. Kay ang usa dili makadawat sa mga tubag kung adunay usa ka paril sa sala taliwala kaniya ug sa Dios, si Hesus unang naghusay sa problema sa sala alang sa paralitiko, nga miduol kaniya nga adunay sukaranan sa pagtoo.

Kung kita tinuod nga mokompisal sa atong pagtoo sa Dios, ang Biblia nagsulti kanato kung unsang mga matang sa kinaiya nga anaa kita sa pag-atubang Kaniya ug unsaon kanato paglihok. Pinaagi sa pagtuman sa mga sugo sama sa, "mga Buhaton," "mga

Dili Buhaton," "Ipabilin," "Isalikway," ug ang susama, ang dili matarung nga tawo mausab ngadto sa usa ka matarung nga tawo, ug ang usa ka bakakon mahimong usa ka matinud-anon ug matinuoron nga tawo. Kung atong sundon ang Pulong sa kamatuoran, ang atong mga sala malimpyohan pinaagi sa dugo sa atong Ginoo, ug kung atong madawat ang kapasayloan, ang pagpanalipod ug mga tubag sa Dios magaabot gikan sa itaas.

Kay ang tanan nga mga sakit naggikan sa sala, sa dihang ang problema sa sala masulbad na, ang kahimtang diin ang buhat sa Dios mahimong madayag ug matukod. Ingon nga ang usa ka bombilya nga gipasiga ug ang makinarya nagtrabaho sa dihang ang kuryente mosulod sa anode ug mogawas sa cathode, sa dihang makita sa Dios ang sukaranan sa pagtoo Iyang ipahayag ang kapasayloan ug hatagan siya og pagtoo gikan sa ibabaw, sa ingon maghimo og usa ka milagro.

Sa Marcos 2:11, si Hesus miingon In Mark 2:11, Jesus said," Ako magaingon kanimo, bangon, dad-a ang imong higdaanan ug pumauli ka." Unsa ka makapadasig kini nga pahayag? Sa pagkakita sa pagtoo sa paralitiko ug sa iyang upat ka mga higala, gihusay ni Hesus ang problema sa sala ug ang paralitiko nakalakaw dayon. Siya nahimong, human sa taas nga panahon sa tinguha, tibuok pag-usab. Pinaagi sa mao gihapong timaan, kung gusto kanatong makadawat og mga tubag dili lamang sa sakit apan sa bisan unsa nga mga problema nga anaa kanato, kinahanglan gayud nga atong hinumduman og una nga makadawat sa kapasayloan ug maghimo sa atong mga kasingkasing nga limpyo.

Sa diha nga ang mga katawohan adunay gamay nga pagtoo, sila tingali nangita sa mga solusyon sa ilang sakit pinaagi sa pagsalig sa tambal ug mga doktor, apan karon nga ang ilang pagtoo mitubo ug nahigugma sila sa Dios ug nabuhi pinaagi sa Iyang Pulong, ang sakit wala mosulong kanila. Bisan kung nasakit sila, sa dihang una nilang tan-awon ang ilang kaugalingon, naghinulsol gikan sa kinahiladman sa ilang mga kasingkasing, ug mibiya sa ilang makasasala nga mga paagi, sila dayon nakadawat sa kaayohan. Nasayod ako nga daghan kaninyo ang adunay ingon nga mga kasinatian.

Usa ka panahon kanhi, ang usa ka tigulang sa akong iglesia nahiling nga adunay usa ka nabuak nga gusok ug sa kalit lang, dili siya makalihok. Diha-diha dayon, mitan-aw siya og balik sa iyang kinabuhi, naghinulsol, ug nakadawat sa akong pag-ampo. Ang pag-ayo sa buhat sa Dios nahitabo sa dapit ug siya naayo pag-usab.

Sa diha nga ang iyang anak nga babaye nag-antus sa pyrexia, ang inahan sa bata nakaamgo nga ang iyang pagkamainiton og ulo mao ang hinungdan sa pag-antus sa iyang anak, ug sa dihang siya naghinulsol niini ang bata naayo pag-usab.

Aron maluwas ang tanang katawohan kinsa, tungod sa pagkamasinupakon ni Adan, diha sa dalan sa kalaglagan, gipadala sa Dios si Hesukristo sa kalibutan, ug gitugotan Siya nga itunglo ug ilansang sa krus nga kahoy alang kanato. Kana tungod kay ang Biblia nag-ingon, "Ug gawas sa pagpaagas ug dugo walay mahimong pasaylo sa mga sala," (Mga Hebreohanon 9:22) ug "Matinunglo ang matag-usa nga pagabitayon diha sa kahoy"

(Mga Taga-Galacia 3:13).

Karon nga nahibalo kita nga ang problema sa sala naggikan sa sala, kita kinahanglan maghinulsol sa tanan kanatong mga sala ug matinguhaon nga magtoo kang Hesukristo nga nagtubos kanato gikan sa tanan kanatong mga sakit, ug pinaagi niana nga pagtoo kita kinahanglan nga mangabuhi sa himsog nga mga kinabuhi. Daghang mga kaigsoonan karon ang nakasinati sa pagkaayo, nagpamatuod sa gahum sa Dios, ug nagapamatuod sa buhi nga Dios. Kini nagapakita kanato nga bisan kinsa nga modawat ni Hesukristo ug mangayo sa Iyang ngalan, ang tanan nga mga problema sa sakit mahimong matubag. Dili igsapayan kung unsa ka grabe ang sakit sa usa ka tawo, sa diha nga siya magtoo diha sa iyang kasingkasing nga si Hesukristo kinsa gilapdusan ug gipaagas ang Iyang dugo, usa ka makapahingawa nga buhat sa pag-ayo sa Dios ang igapadayag.

Pagtoo nga Gipahingpit sa Buhat

Ingon nga ang paralitiko nakadawat sa kaayohan sa tabang sa iyang upat ka mga higala human nga gipakita kanila kang Hesus ang ilang pagtoo, kung buot kita nga makadawat sa mga tinguha sa atong mga kasingkasing, kinahanglan usab nga ipakita kanato sa Dios ang atong pagtoo nga giubanan sa buhat, sa ingon makatukod sa usa ka sukaranan sa pagtoo. Aron sa pagtabang sa mga magbabasa nga mas makasabot sa "pagtoo," ako mohatag og usa ka mubo nga pagpatin-aw.

Sa kinabuhi sa usa ka tawo diha kang Kristo, ang "pagtoo"

mahimong mabahin ug mapatin-aw sa duha ka mga kategoriya. Ang "pagtoo sa unod" o "pagtoo ingon nga kahibalo" nagtumong sa matang sa pagtoo diin ang usa mahimo nga makatoo tungod sa pisikal nga mga ebidensya ug ang Pulong nahiuyon sa iyang kahibalo ug mga hunahuna. Sa kasukwahi, ang "espirituhanon nga pagtoo" mao ang matang sa pagtoo diin ang usa mahimo nga makatoo bisan kung dili siya makakita ug ang Pulong dili mahiangay sa iyang kahibalo ug mga hunahuna.

Pinaagi sa "pagtoo sa unod," ang usa ka tawo nagtoo nga ang usa ka butang nga makita gimugna lamang gikan sa laing butang nga makita usab. Uban sa "espirituhanon nga pagtoo" nga dili maangkon sa usa kung iyang ilakip ang iyang kaugalingong mga hunahuna ug kahibalo, ang usa ka tawo nagtoo nga ang usa ka butang nga makita mamugna gikan sa laing butang nga dili makita. Gikinahanglan sa katapusan ang paglaglag sa kahibalo ug hunahuna sa usa ka tawo.

Sukad sa pagkatawo, usa ka dili maihap nga gidaghanon sa kahibalo ang narehistro sa utok sa matag tawo. Ang mga butang nga iyang nakita ug nadungog narehistro. Ang mga butang nga iyang nakat-unan sa balay ug sa eskwelahan narehistro. Ang mga butang nga iyang nakat-unan sa nagkalain-laing palibot ug kondisyon ang narehistro. Apan, tungod kay dili tanan nga kahibalo nga narehistro tinuod, kung ang bisan diin niini supak sa Pulong sa Dios, kinahanglang isalikway kini sa usa ka tawo. Pananglitan, sa eskwelahan siya nakakat-on nga ang matag buhi nga butang nabungkag o nabag-o gikan sa usa ka monad ngadto sa usa ka organismo nga multi-cellular, apan diha sa Biblia iyang nasayran nga ang tanang buhing butang gibuhat sumala sa ilang mga matang sa Dios. Unsa ang iyang buhaton? Ang kasaypanan sa teyorya sa ebolusyon nabutyag na bisan sa siyensiya, sa makadaghan. Unsa kini ka posible, bisan sa pangatarungan sa tawo, alang sa usa ka unggoy nga nahimong usa ka tawo ug usa ka baki nga nahimong usa ka matang sa langgam sulod sa gitason nga gatusan ka milyon nga katuigan? Bisan ang katarungan nagapabor sa paglalang.

Sa susama, sa dihang ang "pagtoo sa unod" mausab ngadto sa "espirituhanon nga pagtoo," samtang ang imong mga pagduhaduha pagalumpagon ikaw mobarug sa bato sa pagtoo. Dugang pa, kung imong ikompisal ang imong pagtoo sa Dios, kinahanglan imong ibutang karon ang Pulong nga imong gitipigan ingon nga kahibalo sa buhat. Kung nagkompisal ka sa pagtoo sa Dios, ipakita nimo ang imong kaugalingon ingon nga kahayag pinaagi sa pagbalaan sa Adlaw sa Ginoo, paghigugma sa imong silingan, ug pagtuman sa Pulong sa kamatuoran.

Kung ang paralitiko sa Marcos 2 nagpabilin sa balay, siya dili unta maayo. Apan, tungod kay siya nagtoo nga siya mamaayo sa dihang siya moanha sa atubangan ni Hesus, ug gipakita ang iyang pagtoo pinaagi sa paggamit ug pagbuhat sa tanang pamaagi, ang paralitiko mahimong makadawat sa kaayohan. Bisan kung ang usa ka tawo nga nagtinguha sa pagtukod sa usa ka balay magampo lamang, "Ginoo, nagatoo ako nga ang balay pagatukoron," usa ka gatus o usa ka libo ka mga pag-ampo dili moresulta sa pagtukod sa balay sa iyang kaugalingon. Kinahanglan kaniyang buhaton ang iyang bahin sa trabaho pinaagi sa pag-andam sa pundasyon, pagkalot sa yuta, pagpahimutang sa mga haligi, ug ang uban; sa hamubo, gikinahanglan ang "buhat".

Kung ikaw o si bisan kinsa sa imong pamilya nag-antus sa sakit, tuohi nga ang Dios mohatag ug kapasayloan ug magpakita sa buhat sa pagpang-ayo sa dihang makita Kaniya ang tanan sa imong pamilya nga nagkahiusa diha sa gugma, ang panaghiusa nga Iyang tan-awon nga sukaranan sa pagtoo. Ang uban nagingon nga tungod kay adunay panahon alang sa tanan, adunay panahon usab sa pag-ayo. Apan, hinumdomi nga ang "panahon" mao kung ang tawo magtukod sa sukaranan sa pagtoo sa atubangan sa Dios.

Hinaut nga imong madawat ang mga tubag sa imong sakit ingon man sa tanan nga imong gipangayo, ug maghimaya sa Dios, sa ngalan sa atong Ginoo nag-ampo ako!

Kapitulo 5

Gahum sa Pag-ayo sa mga Balatian

Mateo 10:1

Ug ang napulog-duha ka mga tinun-an gitawag ni Hesus ngadto Kaniya ug Iyang gihatagan silag kagahum batok sa mga mahugawng espiritu, aron sa pagpagula niini, ug sa pag-ayo sa tanang mga sakit ug sa tanang kaluyahon.

Gahum sa Pag-ayo sa Mga Balatian ug mga Kaluyahon

Adunay daghang mga pamaagi aron pamatud-an ang buhi nga Dios ngadto sa mga dili tumuluo, ug ang pagpang-ayo sa sakit mao ang usa ka pamaagi. Sa diha nga ang mga katawohan nga nag-antus sa walay kaayohan ug sa mga makamatay nga mga sakit, batok diin ang paggamit sa medikal nga siyensiya walay kapuslanan, nakadawat sa kaayohan, dili na sila makahimo sa paglimod sa gahum sa Dios nga Magbubuhat apan magtoo sa gahum ug maghatag himaya Kaniya.

Bisan pa sa ilang bahandi, awtoridad, kabantog, ug kahibalo, daghang mga katawohan karon dili makasulbad sa problema sa sakit ug nahibilin sa kasakit niini. Bisan ang daghan nga mga sakit dili mapaaayo bisan pa sa pinakalambo nga porma sa medikal nga siyensiya, kung ang mga katawohan motoo sa makagagahum nga Dios, mosalig Kaniya, ug magtugyan sa problema sa sakit ngadto Kaniya, ang tanan nga mga sakit nga walay kaayohan ug mga makamatay nga sakit mahimong maayo. Ang atong Dios mao ang makagagahum nga Dios, kinsa'y walay imposible, ug kinsa ang makahimo sa paglalang sa usa ka butang gikan sa wala, nga ang uga nga sungkod mahimong mapatubo ug mamutot (Numeros 17:8), ug buhion ang patay (Juan 11:17-44).

Ang gahum sa atong Dios makaayo gayud sa bisan unsang balatian ug sakit. Sa Mateo 4:23 atong makita, "Ug ang tibuok Galilea gisuroy ni Hesus, nga nagpanudlo sulod sa ilang mga sinagoga ug nagwali sa Maayong Balita mahitungod sa gingharian, ug nag-ayo sa tanang balatian ug tanang sakit diha sa mga katawohan," ug sa Mateo 8:17, atong mabasa nga," Kini tuman sa gisulti pinaagi sa propeta nga si Isaias, nga nag-ingon: 'Gikuha Kaniya ang atong mga kaluyahon ug gipas-an Kaniya ang atong mga sakit.'" Sa niini nga mga tudling, ang "sakit," "balatian" ug "mga kaluyahan" gibasa.

Dinhi, ang "mga kaluyahan" wala magtumong sa ingon nga usa ka gamay ra nga sakit ingon nga usa ka sip-on o usa ka sakit gikan sa kakapoy. Kini usa ka abnormal nga kahimtang diin ang mga pagtrabaho sa usa ka lawas, mga bahin sa lawas, o mga organo naparalisa o nagakaluya tungod sa usa ka aksidente o usa ka sayop sa iyang mga ginikanan o sa iyang kaugalingon. Pananglitan, kadtong mga amang, bungol, buta, bakol, nag-antus gikan sa paralysis sa pagkabata (gitawag usab nga polio), ug ang uban pa - kadtong dili maayo pinaagi sa kahibalo sa tawo - mahimong mahilakip sa "mga kaluyahan." Dugang pa sa mga kondisyon tungod sa usa ka aksidente o usa ka sayop sa iyang mga ginikanan o iyang kaugalingon, sama sa kaso sa tawo nga natawo nga buta sa Juan 9:1-3, adunay mga katawohan nga nag-antus sa mga kaluyahon aron ang himaya sa Dios mahimong mapadayag. Bisan pa, ang ingon nga mga kaso talagsa ra tungod kay ang kadaghanan tungod sa pagkawalay alamag ug mga kasaypanan sa tawo.

Sa dihang ang mga katawohan maghinulsol ug modawat ni Hesukristo samtang sila magtinguha sa pagsalig sa Dios, Siya naghatag kanila sa Espiritu Santo ingon nga gasa. Uban sa Espiritu Santo sila usab makadawat sa katungod nga mahimong mga anak sa Dios. Kung ang Espiritu Santo kauban nila, gawas sa grabe ug seryoso nga mga kaso, ang kadaghanan sa mga sakit maayo. Ang kamatuoran nga ilang nadawat ang Espiritu Santo ang nagtugot sa kalayo sa Espiritu Santo nga mokunsad kanila ug mosunog sa ilang mga samad. Dugang pa, bisan pa ang usa ka tawo nag-antus gikan sa usa ka kritikal nga sakit, kung siya matinguhaong mag-ampo sa pagtoo, magguba sa paril sa sala taliwala sa iyang kaugalingon ug sa Dios, motalikod sa mga dalan sa sala, ug maghinulsol, siya makadawat sa kaayohan sumala sa iyang pagtoo.

Ang "kalayo sa Espiritu Santo" nagtumong sa bautismo sa kalayo nga mahitabo human ang usa makadawat sa Espiritu Santo, ug sa mata sa Dios kini ang Iyang gahum. Sa diha nga ang espirituhanong mga mata ni Juan Bautista giablihan ug nakakita, gihulagway kaniya ang kalayo sa Espiritu Santo ingon nga "bautismo sa kalayo." Sa Mateo 3:11, si Juan Bautista miingon, "Ako nagabautismo kaninyo sa tubig tungod sa paghinulsol, apan Siya nga nagapaulahi kanako labi pang gamhanan kay kanako, nga bisan gani sa Iyang mga sapin dili ako takos sa pagbitbit; ang Iyang igabautismo kaninyo mao ang Espiritu Santo ug kalayo." Ang bautismo sa kalayo dili moabot bisan unsang orasa apan kung ang usa mapuno sa Espiritu Santo. Tungod kay ang kalayo sa Espiritu Santo kanunay nga mokunsad diha kaniya nga napuno sa Espiritu Santo, ang tanan kaniyang mga sala ug mga sakit masunog ug siya magkinabuhi nga himsog.

Sa dihang ang bautismo sa kalayo magsunog sa tunglo sa sakit, ang kadaghanan sa mga sakit maayo; ang mga kaluyahan, bisan pa niana, dili masunog bisan sa bautismo sa kalayo. Unsa man, unya, nga paagi nga mamaayo ang mga kaluyahan?

Ang tanan nga mga kaluyahan mahimong mamaayo lamang pinaagi sa hinatag sa Dios nga gahum. Mao kana nga atong makita sa Juan 9:32-33, "Sukad sa sinugdanan sa kalibutan, wala pa gayud igdungog nga dihay nakapabuka sa mga mata sa usa ka tawong nahimugso nga buta. Kung kadtong tawhana dili pa gikan sa Dios, wala unta Siyay arang mahimo."

Diha sa Mga Buhat 3:1-10 mao ang usa ka talan-awon diin si Pedro ug si Juan, kinsa parehong nakadawat sa gahum sa Dios, mitabang sa usa ka tawo nga nabakol gikan sa pagkatawo, nga nagpakilimos sa ganghaan sa templo nga gitawag og "Matahum," sa pagtindog. Sa dihang si Pedro miingon kaniya sa Bersikulo 6, "Ako walay salapi o bulawan, apan sa ania kanako hatagan ko ikaw: Sa ngalan ni Hesukristo nga Nazaretnon, paglakaw!" ug gikuptan ang bakol sa iyang tuo nga bukton, diha-diha dayon ang mga tiil ug mga buolbuol sa tawo milig-on ug siya nagsugod sa pagdayeg sa Dios. Sa dihang nakita sa mga katawohan ang tawo nga kaniadto bakol nga naglakaw ug nagadayeg sa Dios, sila napuno sa katingala ug kahingangha.

Kung ang usa ka tawo gusto nga makadawat sa kaayohan, siya kinahanglan magbaton sa pagtoo nga iyang gituohan diha kang Hesukristo. Bisan tuod ang tawo nga bakol mahimo nga usa lamang ka makililimos, tungod kay siya mitoo kang Hesukristo siya makadawat sa kaayohan sa dihang kadtong nakadawat sa gahum sa Dios nag-ampo alang kaniya. Mao kana nganong ang Kasulatan nagsulti kanato, "Ug pinasikad sa pagtoo sa Iyang ngalan, mao kini ang ngalan ni Hesus nga nakapahimong mabaskog niining tawhana nga inyong nakita ug nailhan; ug ang pagtoo nga pinasikad pinaagi Kaniya maoy naghatag kaniya niining hingpit nga pagkaayo sa atubangan ninyong tanan" (Mga Buhat 3:16).

Sa Mateo 10:1, atong makita nga si Hesus naghatag sa Iyang mga disipolo sa gahum batok sa mga mahugaw nga espiritu, sa pagsalikway kanila, ug sa pagpang-ayo sa tanang matang sa sakit ug sa tanan nga matang sa balatian. Sa panahon sa Daang Kasabotan, gihatag sa Dios ang gahum sa pag-ayo sa mga kaluyahan sa Iyang pinalangga nga mga propeta lakip kang Moises, Elias, ug Eliseo; sa mga panahon sa Bag-ong Kasabotan, ang gahum sa Dios anaa sa mga apostoles sama nila Pedro ug Pablo ug matinud-anong mga alagad nga si Esteban ug Felipe.

Sa higayon nga ang usa ka tawo makadawat sa gahum sa Dios walay imposible tungod kay siya makatabang sa usa ka bakol, makaayo sa mga nag-antus gikan sa paralysis sa mga bata ug makapahimo kanila sa paglakaw, sa pagpakita sa buta, pag-abli sa mga dalunggan sa mga bungol, ug pagpaluag sa mga dila sa mga bungol nga amang.

Nagkalainlaing mga Paagi sa Pag-ayo sa mga Kaluyahan

1. Ang Gahum sa Dios Nag-ayo sa usa ka Bungol ug Amang nga Tawo

Sa Marcos 7:31-37 mao ang usa ka talan-awon diin ang gahum sa Dios nag-ayo sa usa ka bungol ug amang nga tawo. Sa dihang gidala sa mga katawohan ang tawo ngadto kang Hesus ug gihangyo Siya nga ibutang ang Iyang kamot sa tawo, gikuha ni Hesus ang lalaki ug gibutang ang Iyang mga tudlo sa mga dalunggan sa tawo. Unya gilud-an Kaniya ug gihikap ang dila sa tawo. Mihangad Siya sa langit ug sa halawom nga panghupaw miingon kaniya, "'Effata," nga sa ato pa, "Maabli ka!'" (b. 34) Ug dihadiha naukban ang iyang mga dalunggan, ug naluag ang iyang dila, ug siya nakasulti na sa tataw.

Ang Dios ba, kinsa milalang sa tanan nga butang sa uniberso pinaagi sa Iyang Pulong, dili makaayo sa tawo pinaagi sa Iyang Pulong usab? Nganong gibutang man ni Hesus ang Iyang mga tudlo sa mga dalunggan sa tawo? Tungod kay ang bungol nga tawo dili makadungog sa tingog ug makigsulti sa pinulongang senyas, kini nga tawo dili makahimo sa pagbaton sa pagtoo sa paagi nga gibuhat sa uban kung si Hesus nagpamulong lang sa tingog. Kay nahibal-an ni Hesus nga ang tawo kulang sa pagtoo, gibutang ni Hesus ang Iyang mga tudlo sa mga dalunggan sa tawo aron nga pinaagi sa paghikap sa mga tudlo, ang tawo mahimong makabaton sa pagtoo aron mahimo siyang maayo. Ang labing importante nga elemento mao ang pagtoo diin ang usa nagtoo nga siya mamaayo. Mahimong ayohon ni Hesus ang tawo pinaagi sa Iyang Pulong apan tungod kay ang tawo dili makadungog, si Hesus nagtanom og pagtoo ug nagtugot sa tawo nga makadawat sa kaayohan pinaagi sa pagpatuman sa ingon nga pamaagi.

Nan, nganong giluwaan man ni Hesus ang dila sa tawo? Ang kamatuoran nganong si Hesus miluwa nagsulti kanato nga usa ka dautang espiritu ang nakapahimo sa tawo nga amang. Kung ang usa ka tawo moluwa sa imong nawong nga walay bisan unsang hinungdan, unsaon kanimo kini pagdawat? Kini usa ka buhat sa kahugawan ug usa ka imoral nga pamatasan nga sa hingpit nagsalikway sa kinaiya sa usa ka tawo. Tungod kay ang pagluwa sa kinatibuk-an nagsimbolo sa pagkawalay pagtahod ug pagpaubos alang sa usa ka tawo, si Hesus miluwa usab aron sa pagpapahawa sa dautang espiritu.

Sa Genesis, atong makita nga ang Dios nagtunglo sa bitin aron mokaon sa abog sa tanang mga adlaw sa iyang kinabuhi. Kini, sa laing pagkasulti, nagtumong sa tunglo sa Dios sa kaaway nga yawa ug ni Satanas, kinsa naghulhog sa bitin, aron sa paghimo nga tukbonon ang tawo nga gihimo gikan sa abog. Busa, sukad sa panahon ni Adan ang kaaway nga yawa naningkamot sa paghimo nga tukbonon sa tawo ug pagpangita sa matag kahigayonan sa pagsakit ug pagtukob sa tawo. Sama sa mga langaw, mga lamok, ug mga ulod nga nagpuyo sa hugaw nga mga dapit, ang kaaway nga yawa nagpuyo sa mga katawohan kansang mga kasingkasing napuno sa sala, kadautan, ug kapungot ug nagdumala sa ilang mga hunahuna. Kinahanglan kanatong maamgohan nga kadto lang mga tawo nga nagkinabuhi ug naglihok pinaagi sa Pulong sa Dios ang mamaayo sa ilang mga balatian.

2. Ang Gahum sa Dios nag-ayo sa Buta nga Tawo

Sa Marcos 8:22-25, atong makita ang mosunod:

Ug unya miabot sila sa Betsaida. Ug dihay usa ka buta nga gidala sa mga tawo kang Jesus ug nangamuyo sila Kaniya nga unta Iyang hikapon kini siya. Ug gigunitan Kaniya ang buta diha sa kamot ug

> *Iyang gidala sa gawas sa balangay; ug sa gitalithian Kaniya ang iyang mga mata ug gitapin-an siya sa mga kamot Kaniya, nangutana Siya kaniya, 'Duna ka bay nakita?' Siya miyahat ug mitubag nga nag-ingon, 'Nakakita akog mga tawo, apan nakita ko sila nga morag mga kahoy nga naglakawlakaw.' Unya giusab ni Hesus sa pagtapion ang Iyang mga kamot diha sa mga mata niya; ug kini siya mitutok ug unya hingulian, ug natin-aw na ang iyang pagtan-aw sa tanan.*

Sa dihang si Hesus nag-ampo alang niining buta nga tawo, Siya miluwa sa mga mata sa tawo. Nan, nganong wala man kining buta nga tawo makakita sa unang higayon nga nag-ampo si Hesus alang kaniya apan human sa pag-ampo ni Hesus sa ikaduha nga higayon? Pinaagi sa Iyang gahum, mahimo nga hingpit nga ayohon ni Hesus ang maong tawo apan tungod kay gamay ang pagtoo sa tawo, si Hesus nag-ampo alang sa ikaduha nga higayon ug mitabang kaniya sa pagtoo. Pinaagi niini, gitudloan kita ni Hesus nga kung ang pipila ka mga katawohan dili makadawat sa kaayohan sa unang higayon nga sila makadawat sa pag-ampo, kita kinahanglan nga mag-ampo alang sa ingon nga mga katawohan duha, tulo, bisan upat ka beses hangtud nga ang usa ka binhi sa pagtoo, nga pinaagi niini sila mahimong motoo sa ilang pagkaayo, mahimong matanom.

Si Hesus kung kinsay walay imposible nag-ampo ug nag-ampo pag-usab sa diha nga nahibal-an Kaniya nga ang buta nga tawo dili mamaayo pinaagi sa iyang pagtoo. Unsay angay kanatong buhaton? Uban sa labaw nga paghangyo ug pag-ampo, kita kinahanglan nga molahutay hangtud nga kita makadawat sa kaayohan.

Sa Juan 9:6-9 naay usa ka tawo nga natawo nga buta nga nakadawat sa pagpang-ayo human si Hesus miluwa sa yuta, naghimo og lapok sa Iyang laway, ug gibutang ang lapok sa iyang mga mata. Nganong giayo man siya ni Hesus pinaagi sa pagluwa sa yuta, naghimo'g lapok uban sa laway, ug gibutang sa mga mata sa tawo? Ang laway dinhi wala magtumong sa bisan unsang mahugaw; gilud-an ni Hesus ang yuta aron makahimo Siya og lapok ug ibutang kini sa mga mata sa buta nga tawo. Gihimo usab ni Hesus ang lapok sa Iyang laway tungod kay nihit ang tubig. Sa kaso sa usa ka hubag o sa usa ka panghubaw-hubaw motubo o sa usa ka pagpaak sa insekto sa ilang mga anak, ang mga ginikanan sa makadaghan magbutang sa ilang laway sa usa ka mahigugmaon nga paagi. Kinahanglan kanatong masabtan ang gugma sa atong Ginoo nga migamit sa nagkalainlaing pamaagi aron sa pagtabang sa mahuyang nga makaangkon og pagtoo.

Samtang nagbutang si Hesus og lapok sa mga mata sa buta, ang tawo mibati sa sensasyon sa lapok sa iyang mga mata ug nakabaton sa pagtoo nga pinaagi niini mahimo siyang maayo. Human si Hesus mihatag sa pagtoo sa buta nga tawo nga adunay gamay nga pagtoo, pinaagi sa Iyang gahum gibuka Kaniya ang mga mata sa tawo.

Si Hesus nagsulti kanato nga, "Gawas kon makakita kag mga ilhanan ug mga katingalahan, dili ka motoo." (Juan 4:48). Karon, imposible nga matabangan ang mga tawo nga makaangkon sa matang sa pagtoo nga pinaagi niini ang usa makatoo lamang sa Pulong diha sa Biblia, nga dili makasaksi sa mga milagro sa pagpang-ayo ug mga katingalahan. Sa usa ka panahon diin ang kahibalo sa siyensya ug sa tawo milambo sa hilabihan, lisud kaayo ang pagbaton sa espirituhanon nga pagtoo aron makatoo sa dili makita nga Dios. "Ang pagkakita mao ang pagtoo," kanunay natong nadungog. Sa susama, tungod kay ang pagtoo sa mga katawohan motubo ug ang buhat sa pagpang-ayo mas dali nga mahitabo kung makita kanila ang tinuod nga mga ebidensya sa buhi nga Dios, ang "milagrosong mga ilhanan ug mga katingalahan" gikinahanglan gayud.

3. Ang Gahum sa Dios Nag-ayo sa usa ka Bakol

Ingon nga si Hesus nagwali sa Maayong Balita ug nag-ayo sa mga katawohan nga nag-antus sa tanan nga matang sa sakit ug tanang matang sa balatian, ang Iyang mga disipolo nagpakita usab sa gahum sa Dios.

Sa Mga Buhat 3:6-10 mao ang usa ka talan-awon kung diin si Pedro nagsugo sa usa ka bakol nga makililimos, "Sa ngalan ni Hesukristo nga Nazaretnon, paglakaw" (b. 6) ug Iyang gikuptan siya sa kamot nga too, ug dihadiha dayon ang iyang mga tiil ug mga buolbuol nalig-on, ug siya milukso sa iyang mga tiil ug nagsugod og lakaw. Sa pagkakita sa mga katawohan sa milagrosong mga ilhanan ug mga katingalahan nga gipakita ni Pedro human makadawat sa gahum sa Dios, mas daghan nga mga katawohan ang mitoo sa Ginoo. Gidala pa gani kanila ang mga masakiton ngadto sa kadalanan ug gibutang sila sa mga higdaanan ug mga banig aron nga bisan ang anino ni

Pedro molandong sa pipila kanila samtang siya miagi. Ang mga katawohan usab nagtigom gikan sa mga lungsod sa palibot sa Jerusalem, nga nagdala sa ilang mga masakiton ug gisakit sa mga demonyo, ug silang tanan nangaayo (Mga Buhat 5:14-16).

Sa Mga Buhat 8:5-8 atong makita, "Ug si Felipe milugsong ngadto sa usa ka lungsod sa Samaria diin iyang giwali kanila ang Kristo. Ug ang mga katawohan nagkahiusa sa ilang pagpaminaw sa gisulti ni Felipe sa pagkadungog ug pagkakita kanila sa mga milagro nga iyang gibuhat. Kay gikan sa daghang mga giyawaan nanggula ang mga mahugaw nga espiritu, nga nanagpaniyagit sa makusog nga tingog; ug nangaayo ang daghang mga paralitiko o mga bakul. Ug niadtong lungsora dihay dakung kalipay."

Sa Mga Buhat 14:8-12, atong mabasa ang usa ka tawo nga bakol sa iyang mga tiil, kinsa bakol sukad pa sa pagkatawo ug wala pa makalakaw. Human siya naminaw sa mensahe ni Pablo ug nakabaton sa pagtoo nga pinaagi niini mahimo siyang makadawat sa kaluwasan, sa dihang gimando ni Pablo, "Itindog ang imong mga tiil ug tumul-id ka!"(b. 10) ang tawo milukso dayon, ug nagsugod sa paglakaw. Kadtong nakasaksi niini nga hitabo nag-ingon nga, "Ang mga dios nanganaug dinhi kanato sa dagway sa mga tawo" (b. 11).

Sa Mga Buhat 19:11-12 atong makita nga, "Ug ang Dios naghimog dagkung mga milagro pinaagi sa mga kamot ni Pablo, nga tungod niana ang mga masakiton gipanagdad-an ug mga panyo o mga tapis nga nahidapat sa lawas ni Pablo, ug sila nangaayo sa ilang mga sakit ug namahawa kanila ang mga espiritu nga dautan." Unsa ka makahingangha ug kahibulongan ang gahum sa Dios?

Pinaagi sa mga katawohan kansang mga kasingkasing nakabot ang pagkabalaan ug hingpit nga gugma sama ni Pedro, Pablo, ug mga Diakono nga si Felipe ug Esteban, ang gahum sa Dios gipadayag bisan karon. Kung ang mga katawohan moadto sa atubangan sa Dios uban sa pagtoo nga nangandoy sa ilang mga kaluyahan nga maayo, sila mahimong maayo pinaagi sa pagdawat sa pag-ampo gikan sa mga alagad sa Dios kansang pinaagi kaniya magabuhat Siya.

Sukad sa pagtukod sa Manmin, ang buhing Dios nagtugot kanako sa pagpakita sa nagkalainlain nga milagrosong mga ilhanan ug mga katingalahan, nagtanom og pagtoo diha sa mga kasingkasing sa mga miyembro, ug nagdala og dakung pagkapukaw.

Dihay usa ka babaye kaniadto nga napailalom sa pag-abuso sa iyang bana nga usa ka alcoholic. Sa dihang ang iyang mga ugat sa mata naparalisa ug ang mga doktor nawad-an na sa paglaum human sa grabe nga pisikal nga pag-abuso, ang babaye miadto sa Manmin human makadungog sa balita bahin niini. Samtang siya makugihon nga miapil sa mga serbisyo sa pagsimba ug matinguhaon nga nag-ampo alang sa kaayohan, nakadawat siya sa akong pag-ampo ug nakakita pag-usab. Ang gahum sa Dios bug-os nga nag-ayo sa mga ugat sa mata nga sa usa ka panahon ingon og permanente nga nawala.

Sa laing okasyon, adunay usa ka tawo nga nag-antus sa usa ka grabe nga kadaut diin ang walo ka mga dapit sa iyang bukog sa likod nangabuak. Kay ang ubos nga bahin sa iyang lawas naparalisar, haduol na nga maputol ang iyang mga bitiis. Human sa pagdawat ni Hesukristo, nalikayan na kaniya ang pagputol apan kinahanglan pa nga mosalig sa mga saklay. Nagsugod siya sa pagtambong sa mga pagtigom sa Manmin Prayer Center ug sa wala madugay sa Biyernes nga Tibuok Gabii nga Serbisyo sa Pagsimba, pagkahuman sa pagdawat sa akong pag-ampo ang tawo milabay sa iyang saklay, nakalakaw na ang iyang duha ka mga tiil, ug sukad nahimong mensahero sa ebanghelyo.

Ang gahum sa Dios makahimo sa hingpit nga pag-ayo sa mga kaluyahon nga ang medikal nga siyensya dili makaayo. Sa Juan 16:23 Si Hesus nagsaad kanato, "Ug niadtong adlawa wala na kamoy ipangutana pa Kanako. Sa pagkatinuod, sa pagkatinuod, magaingon Ako kaninyo, nga kon mangayo kamog bisan unsa gikan sa Amahan, kini igahatag Kaniya kaninyo pinaagi sa Akong ngalan." Hinaut nga motoo ka sa kahibulongang gahum sa Dios, matinuorong tinguhaon kini, makadawat sa tubag sa tanang mga problema sa imong sakit, ug mamahimong usa ka mensahero nga nagdala sa Maayong Balita sa buhi ug makagagahum nga Dios, sa ngalan sa atong Ginoo nagaampo ako!

Kapitulo 6

Mga Paagi sa Pag-ayo sa Giyawaan

Marcos 9:28-29

Ug sa paghiuli na ni [Hesus] sa balay, sa tago gipangutana Siya sa Iyang mga tinun-an nga nanag-ingon, "Nganong wala man kami makapagula kaniya?" Siya mitubag kanila, "Kining matanga dili mahimo sa pagpagula pinaagi sa bisan unsa gawas lamang sa pag-ampo"

Sa Katapusang mga Inadlaw Mobugnaw ang Gugma

Ang pag-uswag sa modernong siyentipikong sibilisasyon ug kalamboan sa industriya nagdala sa materyal nga kauswagan ug nagtugot sa mga katawohan sa pagpadayon sa dugang kahupayan ug kaayohan. Sa samang higayon, kining duha ka mga hinungdan nagresulta sa pagpahilayo, pag-awas sa kahakog, pagtraydor, ug pagka-ubos nga kinaiya taliwala sa mga katawohan, tungod kay ang gugma nagkakunhod samtang ang pagsabot ug pagpasaylo lisud na pangitaon.

Sama sa gitagna sa Mateo 24:12, "Ug kay mosanay man ang kadautan, mobugnaw ang gugma sa kadaghanan," sa usa ka panahon diin ang pagkadautan nagkadaghan ug mobugnaw ang gugma, usa sa labing seryoso nga mga problema sa atong katilingban karon mao ang nagkataas nga gidaghanon sa mga katawohan nga nag-antus gikan sa maong mga sakit sa utok sama sa nervous breakdown ug schizophrenia.

Ang mga mental institusyon naghimulag sa daghang mga pasyente nga dili na makapangabuhi sa normal nga mga kinabuhi apan wala pa sila nakakaplag sa tukma nga tambal. Kung walay pag-uswag nga nahimo human sa mga tinuig nga pagtambal, ang mga pamilya kapoyan ug sa daghang mga kaso wala na manumbaling o mibiya sa mga pasyente sama sa mga ilo. Kini nga mga pasyente, nga nabuhi nga layo ug walay mga pamilya, dili makalihok ingon nga normal nga paagi sa tawo. Bisan tuod nagkinahanglan sila og tinuod nga gugma gikan sa ilang mga minahal, dili daghang mga katawohan ang nagpakita sa ilang gugma sa maong mga indibiduwal.

Atong makita diha sa Biblia daghang mga higayon nga giayo ni Hesus ang mga tawo nga giyawaan. Nganong girekord man ang mga kini sa Kasulatan? Samtang nagkaduol na ang katapusan sa panahon, mobugnaw ang gugma ug si Satanas mosakit sa mga katawohan, nga naghinungdan kanila nga mag-antus sa mga sakit sa utok, ug nagsagop kanila ingon mga anak sa yawa. Si Satanas nagsakit, mohatag og balatian, mga libog, ug nagdaot sa sala ug dautan sa mga hunahuna sa mga katawohan. Kay ang katilingban nalumos sa sala ug dautan, ang mga katawohan dali nga masina, mag-away, magdumot, ug magpinatyanay. Samtang nagkaduol na ang katapusang mga adlaw, ang mga Kristohanon kinahanglan nga makaila sa kamatuoran gikan sa kabakakan, magbantay sa ilang pagtoo, ug pagpahimsog sa lawasnon ug mental nga mga lawas.

Susihon kanato ang hinungdan sa paghatag og pagsulay ug pag-antus ni Satanas, ingon man ang nagkadaghan nga mga katawohan nga gisudlan ni Satanas ug sa mga demonyo ug nag-antus sa mga sakit sa panghunahuna sa atong modernong katilingban diin ang siyentipikong sibilisasyon milambo kaayo.

Ang Proseso nga Masudlan Satanas

Ang matag usa adunay konsensya ug kadaghanan sa mga tawo nangagawi ug nagkinabuhi sumala sa ilang konsyensya, apan ang sumbanan sa konsensya sa matag tawo ug ang pagtuman sa mga resulta nga mosunod magkalahi gikan sa matag tawo. Kini tungod kay ang matag tawo natawo ug gipadako sa nagkalainlaing mga kahimtang ug kondisyon, nakakita, nakadungog, ug nakakat-on sa nagkalainlaing mga butang gikan sa mga ginikanan, panimalay, ug eskwelahan, ug nakarehistro sa nagkalainlain nga kasayuran.

Sa usa ka bahin, ang Pulong sa Dios, nga mao ang kamatuoran, nagsulti kanato, "Ayaw pagpadaug sa dautan, hinonoa dag-a ang dautan pinaagi sa maayo" (Mga Taga-Roma 12:21), ug nag-awhag kanato nga, "Ayaw ninyo pagsukli ang tawong dautan; hinonoa, kon may mosagpa kanimo sa too mong aping, itahan mo kaniya ang pikas usab" (Mateo 5:39). Tungod kay ang Pulong nagatudlo sa gugma ug pagpasaylo, usa ka sumbanan sa paghukom nga "Ang pagkapildi maoy pagkadaug" naugmad sa mga nagtoo niini. Sa laing bahin, kung ang usa ka tawo nakakat-on nga siya kinahanglan manimalos sa diha nga siya mahapak, siya makakab-ot sa usa ka paghukom nga nagdikta nga ang pagsukol usa ka maisugon nga buhat samtang ang paglikay nga walay pagsukol mao ang tinalawan. Tulo ka butang - ang sumbanan sa paghukom sa matag tawo, kung ang usa ka tawo nagpuyo nga matarung o dili matarung nga kinabuhi, ug unsa ka daku ang iyang pagkompromiso sa kalibutan - magtukod og nagkalainlain nga konsensya sa lainlaing tawo.

Kay ang mga katawohan nangabuhi sa ilang mga kinabuhi og lainlain ug ang ilang konsyensya lainlain, ang kaaway sa Dios nga si Satanas naggamit niini aron sa pagtintal sa mga katawohan nga magkinabuhi uyon sa makasasala nga kinaiya, sukwahi sa pagkamatarung ug sa maayo, pinaagi sa pagpukaw sa dautang mga hunahuna ug pagsugyot kanila sa pagpakasala.

Diha sa mga kasingkasing sa mga katawohan mao ang

panagbangi taliwala sa tinguha sa Espiritu Santo nga sila kinahanglan nga magkinabuhi pinaagi sa balaod sa Dios, ug ang tinguha sa makasasala nga kinaiya nga ang mga katawohan gipugos sa pagtinguha sa unodnong mga tinguha. Kanay hinungdan nga giawhag kita sa Dios sa Mga Taga Galacia 5:16-17," Apan Ako magaingon, panaggawi kamo diha sa Espiritu, ug ayaw ninyo pagtumana ang mga pangibog sa unod. Kay ang mga pangibog sa unod kasupak sa Espiritu, ug ang mga tinguha sa Espiritu kasupak sa unod, kay kining duha nagakasinupakay man ang usa sa usa, aron kamo dili makahimo sa buot ninyong pagabuhaton."

Kung kita magkinabuhi pinaagi sa mga tinguha sa Espiritu Santo kita makapanunod sa gingharian sa Dios; kung atong sundon ang mga tinguha sa makasasala nga kinaiya ug dili magkinabuhi pinaagi sa Pulong sa Dios, dili kita makapanunod sa Iyang gingharian. Kana ang hinungdan nga gipasidan-an kita sa Dios ingon sa mosunod sa Galacia 5:19-21:

> *Ug dayag kaayo ang mga buhat sa unod nga mao kini: pakighilawas, kahugaw, kaulag, pagsimbag mga diosdios, panglamat, mga dinumtanay, mga pakigbingkil, pangabubho, kapungot, iyaiyahay, sinupakay, pundokpundok, kasina, huboghubog, hudyaka-bahakhak, ug mga butang nga maingon-ingon niini, pasidan-an Ko kamo, sama sa Ako nang pagpasidaan kaninyo kaniadto, nga ang mga nagabuhat sa maong mga butang dili magapanunod sa gingharian sa Dios.*

Unsaon man, unya nga ang mga tawo masudlan sa mga demonyo?

Pinaagi sa mga hunahuna sa usa ka tawo, si Satanas nagpalihok sa mga tinguha sa makasasala nga kinaiya sa usa ka indibiduwal kansang kasingkasing napuno sa makasasala nga kinaiya. Kung dili kaniya makontrolar ang iyang hunahuna ug ang mga binuhatan sa makasasala nga kinaiya, ang pagbati sa pagkasad-an ug ang iyang kasing-kasing mas motubo nga dautan. Sa diha nga ang ingon nga mga buhat sa makasasala nga kinaiya magdugang, sa katapusan ang tawo dili makahimo sa pagpugong sa iyang kaugalingon ug sa baylo buhaton ang bisan unsa nga gisugyot ni Satanas kaniya nga buhaton. Ang ingon nga tawo giingon nga "gisudlan" ni Satanas.

Pananglitan, atong hunahunaon nga adunay usa ka tapolan nga tawo nga dili gusto nga magtrabaho, apan hinoon mopalabi sa pag-inom ug pag-usik sa iyang panahon. Sa maong indibiduwal, si Satanas mopasiugda ug mokontrol sa iyang hunahuna aron siya mag-inom ug mag-usik sa iyang panahon nga mobati nga ang pagtrabaho mabug-at. Si Satanas magapapahawa usab kaniya gikan sa pagkamaayo nga mao ang kamatuoran, makahikaw kaniya sa kusog sa pagpalambo sa iyang kinabuhi, ug paghimo kaniya nga walay katakos ug walay pulos nga tawo.

Samtang siya nagkabuhi ug nagabuhat sumala sa hunahuna ni Satanas, ang tawo dili makaikyas gikan kang Satanas. Dugang pa, samtang ang iyang kasingkasing nag-anam ka dautan ug naghatag na siya sa iyang kaugalingon sa dautan nga mga hunahuna, inay sa pagpugong sa iyang kasingkasing buhaton kaniya ang bisan unsa nga makapahimuot kaniya. Kung siya gusto nga masuko, siya masuko sa iyang katagbawan; kung siya gusto nga makig-away o makiglalis, siya makig-away ug makiglalis sama sa iyang gusto; ug kung gusto kaniya nga moinom, dili niya mapugngan ang iyang kaugalingon sa pag-inom. Kung kini magtigom gikan sa usa ka punto, dili na kaniya mapugngan ang iyang mga hunahuna ug kasingkasing ug makita nga ang tanan nga mga butang supak sa iyang kabubut-on. Human niini nga proseso, siya mapanudlan na sa mga demonyo.

Ang Hinungdan sa pagsulod sa demonyo

Adunay duha ka mga hinungdan nga ang usa mahulhogan ni Satanas ug sa ulahi masudlan sa demonyo.

1. Mga Ginikanan

Kung ang mga ginikanan mibiya sa Dios, nagsimba sa mga diosdios nga gidumtan ug gikasilagan sa Dios, o nakabuhat sa usa ka butang nga talagsaon nga dautan, nan ang mga puwersa sa dautan nga mga espiritu molusok sa ilang mga anak ug kung dili pasud-an, sila masudlan sa mga demonyo. Sa maong kaso, ang mga ginikanan kinahanglan nga moadto sa atubangan sa Dios, hingpit nga maghinulsol sa ilang mga sala, motalikod sa ilang makasasala nga mga paagi, ug mangamuyo sa Dios alang sa ilang mga anak. Unya makita sa Dios ang sentro sa mga kasingkasing sa mga ginikanan ug ipakita ang buhat sa kaayohan, sa ingon nga mapaluag ang mga kadena sa pagkawalay katarungan.

2. Sa Kaugalingon

Dili igsapayan sa mga sala sa mga ginikanan, ang usa mahimong masudlan sa mga demonyo tungod sa iyang kaugalingon mga kabakakan, lakip ang dautan, garbo, ug ang uban pa. Tungod kay ang indibiduwal dili makaampo ug maghinulsol sa iyang kaugalingon, kung siya makadawat sa pag-ampo gikan sa usa ka alagad sa Dios nga nagpadayag sa Iyang gahum, ang mga kadena sa pagkawalay katarungan mahimong mapaluag. Sa diha nga ang mga demonyo mapapahawa ug siya maulian sa iyang mga pagbati, siya kinahanglan pagatudloan sa Pulong sa Dios aron nga ang iyang kasingkasing nga nahumod sa sala ug dautan mapapas ug mamahimong usa ka kasingkasing sa kamatuoran.

Busa, kung ang usa sa mga miyembro sa pamilya o mga paryente gisudlan sa mga demonyo, ang pamilya kinahanglan nga mogahin sa usa ka indibiduwal nga mag-ampo alang sa ngalan sa tawo. Kini tungod kay ang kasingkasing ug hunahuna sa tawo nga gisudlan sa demonyo gigamhan sa mga demonyo ug siya dili makahimo sa pagbuhat sumala sa iyang kaugalingong kabubut-on. Siya dili makaampo ni makapamati sa Pulong sa kamatuoran; busa siya dili mabuhi pinaagi sa kamatuoran. Busa, ang tibuok pamilya o bisan usa lamang ka tawo gikan sa pamilya kinahanglan nga mag-ampo alang kaniya diha sa gugma ug kaluoy aron nga ang ingon nga miyembro sa pamilya nga gisudlan sa demonyo mahimo nang magkinabuhi sa pagtoo.

Sa dihang makita sa Dios ang debosyon ug gugma sa pamilya, Iyang ipadayag ang buhat sa pagkaayo. Si Hesus nagsulti kanato nga higugmaon ang atong silingan sama sa atong kaugalingon (Lucas 10:27). Kung kita dili makaampo ug maggahin alang sa usa ka miyembro sa atong kaugalingong pamilya nga gisudlan sa mga demonyo, unsaon kanato pagkasulti nga kita nahigugma sa atong mga silingan?

Sa diha nga ang pamilya ug mga higala sa usa ka tawo nga gisudlan sa mga demonyo nagtino sa hinungdan, maghinulsol, mag-ampo diha sa pagtoo sa gahum sa Dios, mogahin sa gugma, ug magtanom sa binhi sa pagtoo, nan ang mga puwersa sa mga demonyo mopahawa ug ang ilang hinigugma mausab ngadto sa usa ka tawo sa kamatuoran, nga tamingan ug panalipdan sa Dios batok sa mga demonyo.

Mga Paagi sa Pag-ayo sa mga Tawo Nga Gisudlan sa mga Demonyo

Sa daghang mga bahin sa Biblia mao ang mga asoy sa pagpang-ayo sa mga tawo nga gisudlan sa mga demonyo. Susihon kanato kung giunsa kanila pagdawat sa kaayohan.

1. Kinahanglan nga imong pasibugon ang mga puwersa sa mga demonyo.

Sa Marcos 5:1-20 atong makaplagan ang usa ka tawo nga adunay usa ka mahugaw nga espiritu. Ang bersikulo 3-4 nagpatin-aw mahitungod sa tawo, nga nagaingon, "Ug siya nagpuyo sa mga lubong. Ug wala nay bisan kinsa pa nga makagapos kaniya, bisan pa pinaagig talikala; kay sa makadaghan na giposasan siya sa mga tiil ug siya gitalikalaan, apan igo lang niyang puto-putoon ang mga talikala ug balibalion ang mga posas,ug walay bisan kinsa nga arang makabuntog kaniya." Makakat-on usab kita gikan sa Marcos 5:5-7, nga nag-ingon, "Magabii ug maadlaw, adto siya sa mga lubong ug sa kabukiran magsinggit kanunay, ug magbun-og sa iyang kaugalingong lawas pinaagig mga bato. Ug sa pagkaalinggat niya kang Hesus gikan sa layo, siya midalagan ngadto kaniya ug misimba Kaniya; ug nagsiyagit sa makusog nga tingog nga nag-ingon, 'Unsay imong labut kanako, Hesus, Anak sa Labing Halangdong Dios? Tungod sa Dios, mangamuyo ako Kanimo, ayaw intawon ako pagsakita!'"

Mao kini ang tubag sa gisugo ni Hesus, "Gumula ka sa tawo, ikaw, espiritu nga mahugaw!" (b. 8) Kini nga talan-awon nagsulti kanato nga bisan wala mahibal-an sa mga katawohan nga si Hesus mao ang Anak sa Dios, ang hugaw nga espiritu nasayod kung kinsa si Hesus ug unsa nga matang sa gahum nga anaa Siya.

Unya nangutana si Hesus, "Kinsa ang imong ngalan?" Ug siya mitubag nga nag-ingon, "Ang akong ngalan mao si Legion, kay daghan man kami" (b. 9). Nagpakiluoy usab siya kang Hesus nga dili sila papahawaon sa maong dapit ug dayon mihangyo Kaniya nga ipadala sila sa mga baboy. Si Hesus wala mangutana sa ngalan dili tungod kay wala siya mahibalo; gipangutana kaniya ang ngalan isip nga usa ka maghuhukom nga nagsukitsukit sa mahugaw nga espiritu. Dugang pa, ang "Legion" nagpasabot nga daghang mga demonyo ang naghupot sa tawo isip nga bihag.

Gitugotan ni Hesus ang "Legion" nga mosulod sa usa ka panon sa mga baboy, nga nagdali sa daplin sa bungtod ngadto sa lanaw ug nalumos. Sa diha nga kita magpapahawa sa mga demonyo, kinahanglan kanatong buhaton kini uban sa Pulong sa kamatuoran, nga gisimbolo sa tubig. Sa diha nga ang mga katawohan nakakita sa tawo, kinsa dili mapugngan pinaagi sa gahum sa tawo, hingpit nga giayo, nga naglingkod didto, nagsulob og sinina ug anaa sa iyang maayong hunahuna, nahadlok sila.

Unsaon kanato pagpapahawa sa mga demonyo karon? Kinahanglan nga sila papahawaon sa ngalan ni Hesukristo ngadto sa tubig, nga nagsimbolo sa Pulong, o kalayo, nga nagsimbolo sa Espiritu Santo, aron ang ilang gahum mawala. Bisan pa, sanglit ang mga demonyo mga espirituhanon nga mga binuhat, sila papahawaon sa dihang ang usa ka tawo nga may gahum sa pagpapahawa sa mga demonyo mag-ampo. Kung ang usa ka indibiduwal nga walay pagtoo mosulay sa pagpahawa kanila, ang mga demonyo usab mopakunhod o magtamay kaniya. Busa, aron sa pag-ayo sa usa ka tawo nga gisudlan sa mga demonyo, usa ka tawo sa Dios nga adunay gahum sa pagpapahawa kanila kinahanglan mag-ampo alang kaniya.

Bisan pa, usahay ang mga demonyo dili mapapahawa bisan kung ang usa ka tawo sa Dios magpapahawa kanila sa ngalan ni Hesukristo. Kana tungod kay ang indibiduwal nga gisudlan sa mga demonyo nagpasipala o nagsulti batok sa Espiritu Santo (Mateo 12:31; Lucas 12:10). Ang pag-ayo dili makita sa pipila ka mga katawohan nga gisudlan sa demonyo sa diha nga sila tinuyo nga magpadayon sa pagpakasala human sila nakadawat sa kahibalo sa kamatuoran (Mga Hebreohanon 10:26).

Dugang pa, sa Hebreohanon 6:4-6 atong makita, "Kay bahin niadtong mga tawo nga sa makausa nalamdagan na unta, nga nakatilaw na sa langitnong gasa, ug nakaambit na sa Espiritu Santo, ug nakatagamtam na sa pagkamaayo sa pulong sa Dios ug sa mga gahum sa kapanahonan nga umalabot, ug unya managpanibog sila, dili na gayud mahimo ang pagpabalik pa kanila sa paghinulsol, sanglit gituyoan man kanila ang paglansang pag-usab sa Anak sa Dios ug pagpakaulaw Kaniya sa dayag."

Karon nga nahibal-an na kanato kini, kinahanglan atong bantayan ang atong mga kaugalingon aron dili kita makasala kon diin dili na kita makadawat og pasaylo. Kinahanglan usab kanatong mailhan sa kamatuoran kung ang usa ka tawo nga gisudlan sa mga demonyo mahimong mamaayo pinaagi sa pag-ampo.

2. Pag-armas sa imong kaugalingon sa kamatuoran.

Sa diha nga ang mga demonyo gipapahawa gikan kanila, ang mga katawohan kinahanglan nga magapuno sa ilang mga kasingkasing sa kinabuhi ug kamatuoran pinaagi sa makugihon nga pagbasa sa Pulong sa Dios, pagdayeg, ug pag-ampo. Bisan kung ang mga demonyo gipapahawa, kung ang mga katawohan magpadayon sa pagkinabuhi sa sala nga wala mag-armas sa ilang kaugalingon sa kamatuoran, ang mga gipapahawa nga mga demonyo mobalik ug niining higayona, sila pagaubanan sa mga demonyo nga mas dautan. Hinumdomi nga ang kondisyon sa mga katawohan labi ka mas dautan kay sa unang higayon nga misulod ang mga demonyo kanila.

Sa Mateo 12:43-45, si Hesus nagasulti kanato sa mosunod:

Sa diha nga ang mahugawng espiritu makagula na sa tawo, kini mosuroy latas sa mga dapit nga mamala aron sa pagpangitag pahulay, apan wala siyay makaplagan niini. Unya magaingon siya, 'Mobalik hinoon ako, sa akong balay nga akong gigikanan'; ug sa pag-abot kaniya, iyang makita kini nga wala puy-i, sinilhigan na, ug maayo nang pagkahimutang. Ug unya molakaw siya ug magkuhag laing pito ka mga espiritu nga labi pang dautan kay kaniya, ug sila mosulod ug mopuyo niini; ug ang ulahing kahimtang niadtong tawhana molabi pa ka ngil-ad kay sa sinugdan. Mao usab kana ang mahitabo niining kaliwatana nga dautan.

Ang mga demonyo kinahanglam dili papahawaon nga walay pag-atiman. Dugang pa, human nga gipapahawa ang mga demonyo, ang mga higala ug pamilya sa usa nga gisudlan sa mga demonyo angay nga makasabot nga ang tawo karon nagkinahanglan sa pag-atiman sa mas daku nga gugma kay kaniadto. Kinahanglan sila mag-atiman kaniya sa debosyon ug pagsakripisyo ug pag-armas kaniya sa kamatuoran hangtud nga makadawat sa hingpit nga pag-ayo.

Ang Tanang Butang Posible alang Kaniya nga Nagatoo

Sa Marcos 9:17-27 usa ka asoy sa pag-ayo ni Hesus sa usa ka anak nga gisudlan sa usa ka espiritu nga naghikaw kaniya sa pagsulti ug pag-antus gikan sa kuyap human makita ang pagtoo sa iyang amahan. Atong susihon sa makadiyot kung giunsa pagdawat sa anak og kaayohan.

1. Kinahanglan ipakita sa pamilya ang ilang pagtoo.

Usa ka anak nga lalaki sa Marcos 9 usa ka amang ug bungol sukad pa sa pagkabata tungod sa pagsulod sa demonyo. Dili kaniya masabtan ang usa ka pulong ug ang komunikasyon imposible para kaniya. Dugang pa, lisud matino kon kanus-a ug diin ang mga sintomas sa kuyap mahitabo. Busa, ang iyang amahan kanunay nga nagpuyo sa kahadlok ug kasakit, nga nawad-an na tanang paglaum sa kinabuhi.

Unya ang amahan nakadungog nga adunay usa ka tawo nga gikan sa Galilea nga nagpakita sa mga tilimad-on nga nagbuhi sa mga patay, ug nagpang-ayo sa daghang nagkalainlain nga mga sakit. Usa ka silak sa paglaum misugod sa pagtuis sa kawalay paglaum sa tawo. Kung ang balita husto, ang amahan mitoo, kining tawhana gikan sa Galilea makaayo usab sa iyang anak nga lalaki. Sa pagpangita sa suwerte, gidala sa amahan ang iyang anak sa atubangan ni Hesus ug miingon Kaniya, "Apan kon aduna may arang Mo mahimo alang kanamo, kaloy-i intawon kami ug tabangi kami!" (Marcos 9:22)

Sa pagkadungog sa tim-os nga hangyo sa amahan, si Hesus miingon, "'Kung arang mahimo kanimo?! Ang tanang butang mahimo ngadto sa magatoo" (b. 23), ug gibadlong ang amahan alang sa iyang gamay nga pagtoo. Ang amahan nakadungog sa balita apan wala motoo niini sa iyang kasingkasing. Kung nahibal-an sa amahan nga si Hesus ingon nga Anak sa Dios maoy labing gamhanan ug ang kamatuoran mismo, wala siya unta mag-ingon nga "Kung." Aron matudloan kita nga imposible ang pagpahimuot sa Dios nga walay pagtoo ug nga kini dili mahimo nga madawat ang mga tubag nga walay hingpit nga pagtoo diin ang usa mahimo nga mosalig, si Hesus miingon "'Kung arang mahimo kanimo?'" samtang iyang gibadlong ang amahan alang sa iyang "gamay nga pagtoo."

Ang pagtoo sa kinatibuk-an mahimong mabahin sa duha ka matang. Pinaagi sa "pagtoo sa unod" o "pagtoo ingon nga kahibalo," ang usa ka tawo makatoo sa iyang nakita. Ang matang sa pagtoo nga ang usa ka tawo mahimo nga makatoo nga dili makita mao ang "espirituhanon nga pagtoo," "tinuod nga pagtoo," "buhi nga pagtoo," o "pagtoo nga giubanan sa buhat." Kini nga matang sa pagtoo makahimo sa usa ka butang gikan sa wala. Ang kahulogan sa "pagtoo" sumala sa Biblia mao ang "Ang pagsalig kanato sa mga butang nga atong ginapaabot, ug ang panghimatuod sa pagkaanaa sa mga butang nga dili kanato makita" (Mga Hebreohanon 11:1).

Kung ang mga katawohan mag-antus sa sakit nga mamaayo sa tawo, sila mahimong maayo kay ang ilang mga sakit masunog sa kalayo sa Espiritu Santo sa dihang magpakita sila sa ilang pagtoo ug mapuno sa Espiritu Santo. Kung ang usa ka bag-o sa kinabuhi sa pagtoo masakit, siya mamaayo sa dihang mabuksan kaniya ang iyang kasingkasing, maminaw sa Pulong, ug magpakita sa iyang pagtoo. Kung ang usa ka hamtong nga Kristohanon nga adunay pagtoo masakit, siya mamaayo sa iyang paglihok pinaagi sa paghinulsol.

Kung ang mga katawohan mag-antus gikan sa mga sakit nga dili ma-ayo sa medikal nga siyensiya, sila kinahanglan nga magpakita sa pagtoo nga labi ka daku. Kung ang usa ka hamtong nga Kristohanon nga adunay pagtoo masakit, siya mahimong maayo sa dihang buksan kaniya ang iyang kasingkasing, maghinulsol pinaagi sa paggisi sa iyang kasingkasing, ug maghalad sa tim-os nga pag-ampo. Kung ang usa ka tawo nga adunay gamay o walay pagtoo masakit, siya dili mamaayo hangtud nga siya mahatagan sa pagtoo ug sumala sa pagtubo sa iyang pagtoo, ang buhat sa pag-ayo makita.

Ang mga tawo nga adunay kakulangan sa lawas, kansang mga lawas nangahiwi, ug ang mga sakit nga gipanunod mahimo lamang mamaayo pinaagi sa mga milagro sa Dios. Busa, kinahanglan nga ipakita kanila ang pagpahinungod sa Dios ug ang pagtoo nga pinaagi niini ilang mahigugma ug mapahimuot Siya. Niini lamang ang pag-ila sa Dios sa ilang pagtoo ug magpakita sa kaayohan. Sa diha nga ang mga katawohan nagpakita sa ilang mainiton nga pagtoo sa Dios – sama sa paagi nga si Bartimeo matinguhaong nanawag ngadto kang Hesus (Marcos 10:46-52), ang pamaagi sa usa ka senturyon sa pagpakita kang Hesus sa iyang dakung pagtoo (Mateo 8:5-13), ug ang paagi sa paralitiko ug ang iyang upat ka mga higala sa pagpakita sa pagtoo ug dedikasyon (Marcos 2: 3-12) - Ang Dios mohatag kanila ug kaayohan.

Ingon usab, sanglit ang mga tawo nga gipanudlan sa mga demonyo dili mamaayo nga wala ang buhat sa Dios ug dili makapakita sa ilang pagtoo, aron sa pagpanaog sa kaayohan gikan sa langit, ang ubang mga miyembro sa ilang pamilya kinahanglan motoo sa makagagahum nga Dios ug moadto sa atubangan Kaniya.

2. Ang mga katawohan kinahanglan nga magbaton sa pagtoo nga pinaagi niini sila makasalig.

Ang amahan sa anak nga dugay nang gisudlan sa demonyo sa sinugdan gibadlong ni Hesus tungod sa iyang gamay nga pagtoo. Sa dihang gisulti ni Hesus sa tino gayud sa tawo nga, "Kung arang kanimong mahimo! Ang tanang butang mahimo ngadto sa magatoo" (Marcos 9:23), ang mga ngabil sa amahan mihatag og positibo nga pagkompisal, "Nagatoo ako." Bisan pa, ang iyang pagtoo limitado sa kahibalo. Mao nga ang amahan nangamuyo kang Hesus, "[Tabangi] ang pagtoo ko nga nakulangan!" (Marcos 9:24) Sa pagkadungog sa hangyo gikan sa amahan, kang kinsang sinsero nga kasingkasing, mainiton nga pag-ampo, ug pagtoo nga nasayod si Hesus, Iyang gihatag sa amahan ang pagtoo nga pinaagi niini siya mahimong motoo.

Pinaagi sa samang timaan, pinaagi sa pagtawag sa Dios makadawat kita sa pagtoo nga pinaagi niiini kita makasalig ug uban niining matang sa pagtoo, mahimo kitang takos sa pagdawat sa mga tubag sa atong mga problema, ug ang "dili posible" mahimong "posible."

Sa higayon nga ang amahan nakaangkon sa pagtoo nga pinaagi niini siya makasalig, sa dihang gisugo ni Hesus, "Ikaw espiritu nga makapaamang ug makapabungol, nagasugo ako kanimo, gumula ka ug ayaw na siya sudli pag-usab," ang dautang espiritu mibiya sa anak nga lalaki nga misinggit (Marcos 9:25-27). Ingon nga ang mga ngabil sa amahan nangamuyo alang sa pagtoo nga pinaagi niini siya makasalig ug nagtinguha sa pagpangilabot sa Dios – bisan human nga gibadlong siya ni Hesus - gipakita ni Hesus ang talagsaong buhat sa pag-ayo.

Si Hesus mitubag pa gani ug naghatag sa hingpit nga pag-ayo sa anak nga lalaki sa usa ka amahan nga gisudlan sa usa ka espiritu nga naghikaw kaniya sa pagsulti, ug nag-antus sa kuyap mao nga siya sa kanunay matumba, magbula ang baba, nangagot sa iyang mga ngipon, ug motiskog. Unya, niadtong nagtoo sa gahum sa Dios nga pinaagi niini mahimo ang tanang nga posible ug magkinabuhi pinaagi sa Iyang Pulong, dili ba tugotan Kaniya nga ang tanan mahimong maayo ug magdala kanila aron magkinabuhi nga himsog?

Wala madugay human sa pagtukod sa Manmin, usa ka batan-ong lalaki nga gikan sa Probinsya sa Gang-won mibisita sa iglesia human nakadungog sa balita bahin niini. Ang batan-ong lalaki naghunahuna nga siya nag-alagad sa Dios nga matinud-anon isip usa ka magtutudlo sa Sunday School ug miyembro sa choir. Bisan pa, tungod kay siya hilabihan nga mapahitas-on ug wala magsalikway sa dautan diha sa iyang kasingkasing apan hinonoa nagtigom sa sala, ang batan-ong lalaki nag-antus human ang usa ka demonyo misulod sa iyang mahugaw nga kasingkasing ug nagsugod sa pagpuyo niini. Ang buhat sa pag-ayo gipakita sa tim-os nga pag-ampo ug pagpahinungod sa iyang amahan. Human sa pagtino sa pagkatawo sa demonyo ug sa pagpapahawa niini pinaagi sa pag-ampo, ang batan-on nga lalaki nagbula sa baba, mibalintong, ug nagpagawas sa usa ka mangilngig nga baho. Human sa maong insidente, ang kinabuhi sa batan-ong lalaki nabag-o samtang siya gisangkapan sa kamatuoran sa Manmin. Karon, siya matinud-anong nagaalagad sa iyang iglesia balik sa Gang-won ug naghatag himaya sa Dios pinaagi sa pagpaambit sa grasya sa pagpamatuod sa iyang pagka-ayo uban sa dili maihap nga mga katawohan.

Himoa nga imong masabtan nga ang gilapdon sa buluhaton sa Dios walay kinutuban ug nga ang tanan posible pinaagi niini, aron nga kung magapangayo ka sa pag-ampo ikaw mahimo nga dili lamang usa ka bulahan nga anak sa Dios kondili usab ang Iyang pinalangga nga santos kansang tanan nga mga butang nagayo sa tanang mga panahon, sa ngalan sa atong Ginoo nagaampo ako!

Kapitulo 7

Ang pagtoo ug pagkamasinugtanon ni Naaman

2 Mga Hari 5:9-10, 14

Busa si Naaman miadto uban ang iyang mga kabayo ug uban ang iyang mga karo, ug mitindog sa ganghaan sa balay ni Eliseo. Ug si Eliseo nagpadala ug usa ka suloguon ngadto kaniya, nga nagaingon, "Lakaw ug maghugas ka didto sa Jordan sa makapito, ug hiulian ka sa imong unod, ug ikaw mahinlo." Busa siya miadto, ug misugmaw sa iyang kaugalingon sa makapito didto sa Jordan, sumala sa gipamulong sa tawo sa Dios; ug ang iyang unod nahiuli pag-usab sama sa unod sa diyutay nga bata, ug siya nahinlo.

Si Heneral Naaman nga Sanlahon

Sa panahon sa atong kinabuhi, atong masinati ang mga problema nga daku ug gamay. Usahay mag-atubang kita og mga problema nga labaw sa katakos sa tawo.

Sa usa ka nasud nga gitawag nga Aram sa amihanan sa Israel, adunay usa ka komandante sa kasundalohan nga ginganlag Naaman. Iyang gipangulohan ang kasundalohan sa Aram sa kadaugan sa labing kritikal nga oras sa nasud. Gihigugma ni Naaman ang iyang nasud ug matinud-anong nag-alagad sa iyang hari. Bisan tuod ang hari nag-isip pag-ayo kang Naaman, ang heneral anaa sa kasakit tungod sa usa ka sekreto nga wala'y bisan kinsa nga nakahibalo.

Unsa ang hinungdan sa iyang kasakit? Si Naaman anaa sa hilabihang kasakit tungod kay wala siyay bahandi o kabantog. Si Naaman mibati nga nag-antus ug wala makakaplag og kalipay sa kinabuhi tungod kay siya adunay sanla, usa ka sakit nga walay tambal aron maayo sa iyang panahon.

Sa panahon ni Naaman, ang mga katawohan nga nag-antus sa sanla giisip nga dili limpyo. Sila napugos sa pagpuyo sa gawas sa mga utlanan sa siyudad. Ang pag-antus ni Naaman mas dili maagwanta tungod kay, dugang pa sa kasakit, adunay uban nga mga problema nga nag-uban sa sakit. Ang mga simtomas sa sanla naglakip sa mga pintok sa lawas, ilabi na sa nawong sa usa, sa gawas sa iyang mga bukton ug mga bitiis, ug ang lapalapa sa iyang mga tiil, ingon man ang pagkawala sa mga igbalati. Sa grabe nga mga kaso, ang mga kilay, kuko sa kamot ug tiil mangatagak ug ang kinatibuk-ang panagway sa usa ka tawo mahimong makalilisang. Unya usa ka adlaw, si Naaman kinsa nasakit sa walay kaayohan nga sakit ug wala makakaplag og kalipay sa kinabuhi nakadungog sa maayong balita. Sumala sa usa ka batan-ong babaye nga nabihag gikan sa Israel nga nag-alagad sa iyang asawa, adunay usa ka propeta sa Samaria nga makaayo ni Naaman sa iyang sanla. Tungod kay wala'y bisan unsa nga dili kaniya buhaton aron makadawat sa kaayohan, gisultihan ni Naaman ang iyang hari sa iyang sakit ug unsay iyang nadungog gikan sa iyang suluguon nga babaye. Sa pagkadungog nga ang iyang matinud-anong heneral mamaayo sa sanla kung siya moadto sa atubangan sa usa ka propeta sa Samaria, ang hari mahinamon nga mitabang ni Naaman ug misulat pa gani ngadto sa hari sa Israel alang kang Naaman.

Ug si Naaman miadto sa Israel kauban ang napulo ka libo ka talento nga salapi, ug unom ka libo ka tipak nga bulawan, ug napulo ka ilisan nga saput, ug ang sulat sa hari, nga mabasa nga, "Ug karon sa diha nga modangat kanimo kining sulata, ania karon, gipadala ko kanimo si Naaman nga akong alagad, aron ayuhon mo siya sa iyang sanla" (b. 6). Niadtong panahona, ang Aram usa ka lig-on nga nasud kay sa Israel. Sa pagbasa sa sulat gikan sa hari sa Aram, ang hari sa Israel migisi sa iyang mga bisti ug miingon, "Dios ba ako sa pagpatay ug sa pagpabuh?, Nganong kining tawhana nagpadala man kanako aron sa pag-ayo sa usa ka tawo sa iyang sanla? Tan-awa, giunsa kaniya pagpangita og usa ka pagpakiglalis batok kanako!" (b. 7)

Sa dihang nadungog kini sa propeta sa Israel nga si Eliseo, miadto siya sa hari ug miingon, "Nganong gigisi mo ang imong mga saput? Paanhia siya karon kanako, ug siya manghibalo nga adumay usa ka propeta sa Israel" (b. 8). Sa dihang gipadala sa hari sa Israel si Naaman ngadto sa balay ni Eliseo, ang propeta wala makigkita sa heneral apan gisulti lamang pinaagi sa usa ka mensahero, "Lakaw ug maghugas ka didto sa Jordan sa makapito, ug hiulian ka sa imong unod, ug ikaw mahinlo" (b. 10).

Unsa kaha ka salikwaot kana alang kang Naaman, kinsa miadto uban sa iyang mga kabayo ug mga karwahe sa balay ni Eliseo, aron lamang mahibal-an nga ang propeta wala mag-abiabi o makigkita kaniya? Ang heneral nasuko. Naghunahuna siya nga kung ang usa ka komandante sa kasundalohan sa usa ka nasud nga mas kusgan pa kay sa Israel ang mibisita, ang propeta unta pagkamaabihon-abihon nga mosugat kaniya ug magpandong sa iyang mga kamot kaniya. Hinuon, si Naaman nakadawat og usa ka bugnaw nga pagdawat gikan sa propeta ug gisugo nga hugasan ang iyang kaugalingon sa usa ka suba nga ingon ka gamay ug hugaw sama sa Suba sa Jordan.

Sa kasuko, naghunahuna si Naaman sa pagpauli, nga nag-ingon, "Ania karon, ako naghunahuna nga, "Siya sa pagkatinuod mogula nganhi kanako, ug motindog ug magatawag sa ngalan sa GINOO nga iyang Dios, ug magawarawara sa iyang kamot diha sa maong dapit, ug mamaayo ang sanla.' Dili ba ang Abana ug ang Pharphar, mga suba sa Damasco, labing maayo pa kay sa tanang tubig sa Israel? Dili ba ako makapanghugas niini ug mamahinlo?" (b. 11-12) Samtang nag-andam alang sa iyang panaw pauli sa balay, ang mga suluguon ni Naaman nangamuyo kaniya. "Amahan ko, kung ang propeta nagsugo kanimo sa pagbuhat sa dakung butang dili mo ba kini pagbuhaton? Nan hain ang labing maayo, kung siya moingon kanimo, 'Panghugas, ug magmahinlo ka'?" (b. 13) Giawhag kanila ang ilang agalon sa pagsunod sa mga panudlo ni Eliseo.

Unsa ang nahitabo sa diha nga si Naaman mituslob sa iyang kaugalingon sa Suba sa Jordan sa pito ka mga higayon, sumala sa gisugo kaniya ni Eliseo? Ang iyang unod nahimong limpyo sama sa usa ka batang lalaki. Ang sanla nga nakahatag ni Naaman og hilabihan nga pag-antus hingpit nga naayo. Sa diha nga ang usa ka sakit nga walay kaayohan sa tawo hingpit nga giayo pinaagi sa pagkamatinumanon ni Naaman sa usa ka tawo sa Dios, ang heneral midawat sa buhing Dios ug ni Eliseo, nga usa ka tawo sa Dios.

Human masinati ang gahum sa buhi nga Dios – Dios nga Manug-ayo sa Sanla – Si Naaman mibalik ngadto kang Eliseo, ug nagkompisal, "Ug siya mibalik ngadto sa tawo sa Dios, siya ug ang tanan kaniyang kauban, ug mianha ug mitindog sa iyang atubangan, ug siya miingon, 'Ania karon, ako nahibalo nga walay Dios sa tanang yuta, gawas sa Israel; busa karon, ako nagahangyo kanimo, dawaton mo ang usa ka gasa sa imong alagad.' Apan siya miingon, 'Ingon nga ang GINOO buhi, sa kang kansang atubangan ako nagatindog, ako dili modawat sa bisan unsa.' Ug iyang gipupos siya sa pagkuha niini; apan siya nagdumili. Ug si Naaman miingon, 'Kung dili, ako nagahangyo kanimo ipahatag sa imong alagad ang duha ka karga nga yuta nga anaa sa mula;

kay ang imong alagad sukad karon dili magahalad sa halad-ngasinunog ni paghalad sa laing mga dios, apan sa GINOO." ug naghimaya sa Dios (2 Mga Hari 5:15-17).

Ang Pagtoo ug Pagbuhat ni Naaman

Susihon kanato karon ang pagtoo ug ang buhat ni Naaman, nga nahimamat ang Dios nga Mananambal ug naayo sa usa ka walay kaayohan nga sakit.

1. Maayo nga Tanlag ni Naaman

Ang uban nga mga katawohan dali nga modawat ug mosalig sa mga pulong sa uban samtang ang uban nagduha-duha ug walay pagsalig sa uban nga mga katawohan sa laing bahin. Kay si Naaman adunay usa ka maayong tanlag, wala kaniya gisalikway ang mga pulong sa ubang katawohan apan maluloton nga gidawat ang mga kini. Mahimo siyang moadto sa Israel, motuman sa mga panudlo ni Eliseo, ug makadawat sa kaayohan tungod kay wala kaniya gipasagdan apan nagpatalinghog ug mitoo sa mga pulong sa usa ka batan-ong babaye nga nagserbisyo sa iyang asawa. Sa dihang kining batan-ong babaye nga nabihag gikan sa Israel miingon sa iyang asawa, "Agad pa unta nga ang akong agalon mahauban sa propeta nga atua sa Samaria! Nan mamaayo siya sa iyang sanla" (b. 3), Nagtoo si Naaman kaniya. Pananglitan ikaw anaa sa posisyon ni Naaman. Unsa kahay imong buhaton? Mahimo ba kanimo nga dawaton ang iyang mga pulong? Bisan pa sa pag-uswag sa modernong medisina karon, adunay daghan nga mga sakit nga ang tambal walay kapuslanan. Kung imong sultihan ang uban nga ikaw naayo sa walay kaayohan nga mga sakit sa Dios o nga ikaw naayo human makadawat sa pag-ampo, pila ka mga katawohan sa imong hunahuna ang motoo kanimo? Nagtoo si Naaman sa mga pulong sa batanong babaye, miadto sa atubangan sa iyang hari alang sa pagtugot, miadto sa Israel, ug nakadawat sa kaayohan sa iyang sanla. Sa laing pagkasulti, tungod kay si Naaman adunay usa ka maayong tanlag, mahimo kaniyang dawaton ang mga pulong sa batan-ong babaye sa diha nga siya magwali sa ebanghelyo ngadto kaniya ug molihok sumala niana. Kinahanglan usab nga atong maamgohan nga kung kita gipasangyawan sa ebanghelyo, makadawat kita sa mga tubag sa atong mga problema kung kita motoo lamang sa pagpasangyaw ug moadto sa atubangan sa Dios sama sa gibuhat ni Naaman.

2. Gidugmok ni Naaman ang Iyang Mga Hunahuna

Sa diha nga si Naaman miadto sa Israel uban sa tabang sa iyang hari ug miabot sa balay ni Eliseo, ang propeta nga makahimo sa pag-ayo sa sanla, nakadawat siya og usa ka bugnaw nga pagdawat. Dayag nga nasuko siya sa dihang si Eliseo, nga sa panan-aw sa dili-tumuluo nga si Naaman walay kabantog o kahimtang sa katilingban, wala modawat sa matinumanon nga suluguon sa hari sa Aram, ug gisultihan si Naaman – pinaagi sa usa ka mensahero – nga maghugas sa iyang kaugalingon sa Suba sa Jordan makapito ka higayon. Nasuko si Naaman tungod kay ginpadala siya sa personal sa hari sa Aram. Dugang pa, wala gani gipandong ni Eliseo ang iyang kamot diha dayon apan gisultihan si Naaman nga mahimo siyang malimpyohan sa dihang mahugasan kaniya ang iyang kaugalingon sa usa ka suba nga ingon ka gamay ug hugaw sama sa Suba sa Jordan.

Nasuko si Naaman kay Eliseo ug sa buhat sa propeta, nga dili kaniya masabtan sa iyang kaugalingon nga mga hunahuna. Giandam kaniya ang iyang kaugalingon alang sa panaw pauli sa balay, nga naghunahuna nga adunay daghan pang dagku ug limpyo nga mga suba sa iyang nasud ug nga siya malimpyohan kung siya mohugas sa iyang kaugalingon sa bisan diin niini. Nianang panahona, ang mga suluguon ni Naaman nag-awhag sa ilang agalon sa pagtuman sa mga sugo ni Eliseo ug ituslob ang iyang kaugalingon sa Suba sa Jordan.

Kay si Naaman adunay usa ka maayong tanlag, ang heneral wala molihok sa iyang mga hunahuna apan nakahukom sa pagsunod sa mga panudlo ni Eliseo, ug miadto sa Jordan. Taliwala sa mga katawohan nga naay estado sa katilingbanon nga katumbas sa iya ni Naaman, pila kanila ang maghinulsol ug magmasinugtanon sa pag-awhag sa ilang mga sulogoon o sa uban sa mas ubos nga posisyon kaysa kanila?

Sama sa atong makita sa Isaias 55:8-9, "'Kay ang Akong mga hunahuna dili mao ang inyong mga hunahuna, ni ang inyong mga dalan Akong mga dalan', nagaingon ang GINOO. 'Kay maingon nga ang mga langit hataas kay sa yuta, mao man ang

Akong mga dalan labi pang hataas kay sa inyong mga dalan, ug ang Akong mga hunahuna kay sa inyong mga hunahuna,'" kung hugot kanatong huptan ang mga hunahuna ug teyorya sa tawo, dili kita makatuman sa Pulong sa Dios. Hinumduman kanato ang katapusan ni Haring Saul nga misupak sa Dios. Kung atong ilakip ang mga hunahuna sa tawo ug dili mosunod sa kabubuton sa Dios, kini usa ka buhat sa pagsupak, ug kung mapakyas kita sa pag-ila sa atong pagsupak, kinahanglan atong hinumduman nga ang Dios mobiya ug mosalikway kanato sa paagi nga gibiyaan Kaniya si Haring Saul.

Atong mabasa sa 1 Samuel 15:22-23, "Ug si Samuel miingon, 'Ang GINOO may daku bang kalipay sa mga halad-ngasinunog ug sa mga sakripisyo, maingon sa pagtuman sa tingog sa GINOO? Ania karon, ang pagsugot labi pang maayo kay sa halad, ug ang pagpamati kay sa tambok sa mga laking karnero. Kay ang pagsukol sama ra sa sala sa lumay, ug ang pagkagahi sa kasingkasing sama ra sa pagdiwata ug pag-alagad sa mga diosdios. Tungod kay imong gisalikway ang pulong sa GINOO, siya usab magsalikway kanimo gikan sa pagkahari.'" Naghunahuna si Naaman sa makaduha ug nakahukom sa pagdugmok sa iyang mga hunahuna ug pagsunod sa mga panudlo ni Eliseo, usa ka tawo sa Dios.

Pinaagi sa maong timaan, kinahanglan kanatong hinumduman nga kung sa ato lang paglabay sa atong masinupakon nga mga kasingkasing ug mag-usab sa mga niini sa mga kasingkasing sa pagkamatinumanon sumala sa kabubuton sa Dios, nga mahimo kanatong makab-ot ang mga tinguha sa atong mga kasingkasing.

3. Si Naaman Misunod sa Pulong sa Propeta

Sa pagsunod sa mga sugo ni Eliseo, si Naaman miadto sa Suba sa Jordan ug gihugasan ang kaugalingon. Adunay daghang mga suba nga mas lapad ug mas limpyo kay sa Jordan, apan ang panudlo ni Eliseo nga moadto sa Jordan adunay espirituhanong kahulogan. Ang Suba sa Jordan nagsimbolo sa kaluwasan, samtang ang tubig nagsimbolo sa Pulong sa Dios nga nagalimpyo sa mga sala sa mga katawohan ug naghimo kanila nga makaabot sa kaluwasan. (Juan 4:14). Mao nga gusto ni Eliseo nga hugasan ni Naaman ang iyang kaugalingon didto sa Suba sa Jordan nga nagdala kaniya ngadto sa kaluwasan. Bisag unsa pa ka daku ug mas limpyo ang ubang mga suba, dili kini modala sa mga katawohan ngadto sa kaluwasan, ug wala'y labot sa Dios, ug sa ingon niini nga katubigan ang buhat sa Dios dili mapadayag.

Sama sa gisulti ni Hesus kanato sa Juan 3:5, "Sa pagkatinuod, sa pagkatinuod, magaingon Ako kanimo, gawas kung ang tawo igaanak sa tubig ug sa Espiritu, dili siya makasulod sa gingharian sa Dios," pinaagi sa paghugas sa iyang kaugalingon sa Suba sa Jordan, usa ka dalan ang giablihan alang kang Naaman aron makadawat sa kapasayloan sa iyang mga sala ug kaluwasan, ug makatagbo sa buhi nga Dios.

Nan, nganong gisugo man si Naaman sa paghugas sa iyang kaugalingon sa makapito ka higayon? Ang numero "7" usa ka kumpleto nga numero nga nagsimbolo sa pagkahingpit. Pinaagi sa pagtudlo kang Naaman sa paghugas sa iyang kaugalingon sa pito ka mga higayon, gisultihan ni Eliseo ang heneral sa pagdawat sa kapasayloan sa iyang mga sala ug hingpit nga mabuhi sa Pulong sa Dios. Nianang higayona lamang ang Dios kung kinsa ang tanang butang posible makapakita sa buhat sa pagpang-ayo ug tambal sa bisan unsang sakit nga walay kaayohan.

Busa, nahibal-an kanato nga si Naaman nakadawat sa kaayohan alang sa iyang sanla, nga batok niini ang tambal o ang kusog sa tawo walay kapuslanan, tungod kay siya misunod sa pulong sa propeta. Niini nga mga Kasulatan tin-aw nga nagsulti kanato nga, "Kay ang pulong sa Dios buhi ug nagalihok nga gamhanan, labi pang mahait kay sa espada nga duhay sulab, ug modulot ngadto sa gitagboan sa kalag ug espiritu, sa mga lutahan ug sa mga kauyokan, ug motugkad sa mga hunahuna ug katuyoan sa kasingkasing. Ug sa panan-aw sa Dios walay binuhat nga natago, hinonoa ang tanang butang binuksan ug dayag sa mga mata Kaniya kang kinsa magahatag ra unya kitag husay" (Mga Hebreohanon 4:12-13).

Si Naaman miadto sa atubangan sa Dios kung kinsay walay butang nga imposible, gidugmok ang iyang hunahuna, naghinulsol, ug misunod sa Iyang kabubut-on. Samtang gituslob ni Naaman ang iyang kaugalingon sa pito ka mga higayon sa Suba sa Jordan, nakita sa Dios ang iyang pagtoo, giayo siya sa iyang sanla, ug ang unod ni Naaman gipahiuli ug nahimong limpyo sama sa usa ka batang lalaki.

Pinaagi sa pagpakita kanato sa usa ka klaro nga piraso sa ebidensya nga nagpamatuod nga ang pag-ayo sa sanla posible lamang pinaagi sa Iyang gahum, ang Dios nagsulti kanato nga ang bisan unsang walay kaayohan nga mga sakit mahimong mamaayo sa diha nga kita nakapahimuot Kaniya uban sa atong pagtoo nga giubanan sa buhat.

Naghatag si Naaman og Himaya sa Dios

Pagkahuman sa pagkaayo ni Naaman sa iyang sanla, siya mibalik ngadto kang Eliseo, mikompisal, "Ania karon, ako nahibalo nga walay Dios sa tanang yuta, gawas sa Israel," (2 Mga Hari 5:15) and "Kung dili, ako nagahangyo kanimo ipahatag sa imong alagad ang duha ka karga nga yuta nga anaa sa mula; kay ang imong alagad sukad karon dili magahalad sa halad-nga-sinunog ni paghalad sa laing mga dios, apan sa GINOO" (b. 17), ug unya naghatag og himaya sa Dios.

Sa Lucas 17:11-19 mao ang usa ka talan-awon diin ang napulo ka mga katawohan nakahibalag kag Hesus ug naayo sa sanla. Apan, usa lang kanila ang mibalik kang Hesus, nga nagdayeg sa Dios sa kusog nga tingog, ug mihapa sa tiilan ni Hesus ug nagpasalamat Kaniya. Sa bersikulo 17-18, si Hesus nangutana sa tawo, "Dili ba napulo man ang naayo? Hain ba ang siyam? Wala ba kanilay nakita nga mibalik ug nagdayeg sa Dios gawas niining dumuloong?" Sa mosunod nga bersikulo 19, Siya dayon misulti sa tawo, "Tumindog ug lumakaw ka; ang imong pagsalig nakapaayo kanimo." Kung kita makadawat sa pagpang-ayo pinaagi sa gahum sa Dios, kinahanglan dili lamang kita maghimaya sa Dios, modawat ni Hesukristo, ug makaabot sa kaluwasan, apan magkinabuhi usab pinaagi sa Pulong sa Dios.

Si Naaman adunay matang sa pagtoo ug buhat diin siya mahimong mamaayo sa sanla, usa ka sakit nga walay kaayohan sa iyang panahon. Siya adunay maayong tanlag nga motoo sa mga pulong sa batan-ong suluguong babaye nga nabihag. Aduna siyay matang sa pagtoo diin iyang giandam ang bililhong gasa sa pagduaw sa usa ka propeta. Gipakita kaniya ang buhat sa pagkamatinumanon bisan pa ang panudlo ni Propeta Eliseo wala mouyon sa iyang mga hunahuna.

Si Naaman, nga usa ka Hentil, sa makausa nag-antus sa usa ka walay kaayohan nga sakit apan pinaagi sa iyang sakit iyang nahimamat ang buhi nga Dios ug nakasinati sa buhat sa pag-ayo. Si bisan kinsa nga moadto sa atubangan sa makagagahum nga Dios ug nagpakita sa iyang pagtoo ug buhat makadawat sa mga tubag sa tanan kaniyang mga problema bisan unsa pa kini ka lisud.

Hinaut nga ikaw makaangkon sa bililhon nga pagtoo, ipakita kanang pagtoo kauban sa buhat, makadawat sa mga tubag sa tanan kanimo nga problema sa kinabuhi, ug mahimong usa ka bulahan nga balaan nga naghatag himaya sa Dios, sa ngalan sa atong Ginoo nag-ampo ako.

Ang Tagsulat:
Dr. Jaerock Lee

Si Dr. Jaerock Lee gipanganak sa Muan, Probinsiya sa Jeonnam, Republika sa Korea, kaniadtong 1943. Sa iyang kapin bayente nga pang-edaron, si Dr. Lee nag-antos gikan sa nagkalainlain nga dili-matambalan nga mga sakit alang sa pito ka mga tuig ug naghuwat sa kamatayon uban sa walay paglaum nga maulian pa. Bisan pa niana, usa ka adlaw sa tingpamulak kaniadtong 1974 gidala siya sa usa ka iglesia sa iyang igsoon nga babaye ug unya sa iyang pagluhod aron mag-ampo, ang buhing Dios sa labing madali nag-ayo kaniya sa tanan niyang mga sakit.

Gikan sa panahon nga nailhan kaniya ang buhing Dios pinaagi niadtong makahibulong nga kasinatian, gihigugma ni Dr. Lee ang Dios sa tibuok kaniyang kasingkasing ug katim-os, ug kaniadtong 1978 siya gitawag nga mahimong alagad sa Dios. Madilaabon siya nga nag-ampo kauban ang dili-maihap nga pagpuasa nga mga pag-ampo aron tin-aw kaniyang masabtan ang kabubut-on sa Dios, bug-os nga matuman kini ug magmasinugtanon sa tanan nga Pulong sa Dios. Kaniadtong 1982, gitukod kaniya ang Manmin Central Church sa Seoul, Korea, ug ang dili-maihap nga mga buhat sa Dios, lakip ang mga milagroso nga mga pagpang-ayo ug mga katingalahan, ang nahitabo sa iyang iglesia sukad kaniadto.

Kaniadtong 1986, si Dr. Lee giordinahan nga usa ka pastor sa Annual Assembly of Jesus' Sungkyul Church sa Korea, ug upat ka tuig sa ulahi kaniadtong 1990, ang iyang mga wali gisugdan og pagsibya sa Australia, Russia, ug ang Pilipinas. Sulod sa mubo lang nga panahon mas daghan pang mga nasud ang naabot pinaagi sa Far East Broadcasting Company, ang Asia Broadcast Station, ug ang Washington Christian Radio System.

Tulo ka tuig sa ulahi, kaniadtong 1993, napili ang Manmin Central Church nga usa sa mga "50 ka Pinakataas nga mga Iglesia sa Kalibutan" sa Christian World magazine (US) ug siya nidawat sa usa ka Honorary Doctorate of Divinity gikan sa Christian Faith College, Florida, USA, ug kaniadtong 1996 nadawat kaniya ang iyang Ph.D. sa Ministry gikan sa Kingsway Theological Seminary, Iowa, USA.

Sukad kaniadtong 1993, si Dr. Lee nagpanguna sa kalibutan nga misyon pinaagi sa daghang gawas sa nasud nga mga krusada sa Tanzania, Argentina, L.A., Baltimore City, Hawaii, ug New York City sa USA, Uganda, Japan, Pakistan, Kenya, ang Pilipinas, Honduras, India, Russia, Germany, Peru, Demokratiko nga Republika sa Congo, Israel ug Estonia.

Kaniadtong 2002, giila siya isip nga "tibuok kalibutan nga pastor" sa iyang gamhanan nga mga pag-alagad sa nagkalainlain nga mga krusada sa gawas sa nasud sa mayor nga mga Kristohanon nga mga pamantalaan sa Korea. Sa particular ang iyang 'New York Crusade 2006' nga gipahigayon sa Madison Square Garden, ang pinakabantog nga arena sa kalibutan. Ang hitabo gimantala sa 220 ka mga nasud, ug sa iyang 'Israel United Crusade 2009', nga gipahigayon sa International Convention Center sa Herusalem nga iyang maisogon nga giproklamar si Hesukristo nga mao ang Misiyas ug Manluluwas.

Ang iyang mga wali gisibya ngadto sa 176 ka mga nasud pinaagi sa mga satellite lakip na ang GCN TV ug siya gitala isip usa sa 'Top 10 Most Influential Christian Leaders' sa 2009 ug 2010 sa popular nga Ruso nga Kristohanong magasin nga In Victory ug ahensya sa balita nga Christian Telegraph alang sa iyang gamhanan nga pagsibya sa TV nga pangalagad ug sa gawas sa nasud nga pagpastor sa iglesia nga pangalagad.

Kutob sa Marso tuig sa 2015, ang Manmin Central Church adunay kongregasyon nga labi sa 120,000 nga mga miyembro. Adunay 10,000 ka sanga sa mga iglesia sa tibuok kalibutan lakip na ang 56 ka mga domestiko ka mga sanga nga iglesia, ug sobra sa 123 nga mga misyonaryo ang nakomisyon ngadto sa 23 ka mga nasud, lakip ang Estados Unidos, Russia, Germany, Canada, Japan, China, France, India, Kenya, ug daghan pa.

Kutob sa petsa niining pagmantala, si Dr. Lee nakasulat na ug 94 ka mga libro, lakip ang mga pinakamabenta nga Tasting Eternal Life Before Death (Ang Pagtilaw sa Kinabuhing Dayon Sa Wala Pa ang Kamatayon), My Life My Faith I & II (Akong Kinabuhi Akong Pagtoo I & II), The Message of the Cross (Ang Mensahe sa Krus), The Measure of Faith (Ang Gidak-on sa Pagtoo), Heaven I & II, (Langit I & II), Hell (Impiyerno), Awaken Israel! (Pagmata Israel!) ug The Power of God (Ang Gahum sa Dios). Ang iyang mga buhat gihubad sa labi sa 76 ka mga lengguwahe.

Ang iyang Kristohanon nga mga kolumna naggula sa The HankookIlbo, The JoongAng Daily, The ChosunIlbo, The Dong-A Ilbo, The MunhwaIlbo, The Seoul Shinmun, The Kyunghyang Shinmun, The Korea Economic Daily, The Korea Herald, The Shisa News, ug The Christian Press.

Si Dr. Lee mao ang sa pagkakaron nagpanguna sa daghang misyonaryo nga mga organisasyon ug mga asosasyon. Ang mga posisyon milakip sa Chairman, The United Holiness Church of Jesus Christ; President, Manmin World Mission; Permanent President, The World Christianity Revival Mission Association; Founder & Board Chairman, Global Christian Network (GCN); Founder & Board Chairman, World Christian Doctors Network (WCDN); ug Founder & Board Chairman, Manmin International Seminary (MIS).

Uban pang makagagahom nga mga libro sa samang tagsulat

Langit I & II

Imbetasyon ngadto sa Balaan nga Siudad sa Bag-ong Herusalem, kon asa ang dose ka mga ganhaan gibuhat sa nagpangidlap nga mga perlas, nga anaa sa taliwala sa halapad nga langit nga nagsidlak og makidlapon sama sa mabilihon kaayo nga mga alahas.

Ang Mensahe sa Krus

Usa ka makagagahom nga kahimungawong mensahe alang sa tanan nga tawo kon kinsa esprituwal nga nakatulog! Sa kining libro makita kanimo ang rason nga si Hesus ang bugtong nga Manluluwas ug ang tinuod nga hinigugma sa Dios.

Impiyerno

Usa ka maikagon nga mensahe sa tanan nga katawhan gikan sa Dios, kon kinsa nagpangandoy nga walay bisan usa ka kalag ang mahagbong ngadto sa kailauman nga mpiyerno! Imong makaplagan ang wala-pa-mapabutyag nga mga pag-asoy sa mapintas nga realidad sa Ubos nga Hades ug Impiyerno.

Espiritu, Kalag, ug Lawas I & II

Pinaagi sa espirituhanon nga pagsabot sa espiritu, kalag, ug lawas, kung hain mao ang mga bahin sa mga tawo, ang mga mambabasa makatan-aw sa ilang 'kaugalingon' ug mag-angkon og panabot sa kinabuhi mismo.

www.urimbooks.com

www.ingramcontent.com/pod-product-compliance
Lightning Source LLC
LaVergne TN
LVHW052048070526
838201LV00086B/5069